L'HOMME APAISÉ

COLÈRE ET CLÉMENCE

DÉJÀ PARUS DANS LA MÊME COLLECTION

1. Sénèque, *La Vie heureuse* (suivi de *La Brièveté de la vie*)
2. Épictète, *Ce qui dépend de nous* (*Manuel* et *Entretiens*)
3. Lucrèce, *La Nature des choses*
4. L'Ecclésiaste, *Un temps pour tout*
5. *Le Cantique des cantiques*
6. *La Bhagavad Gîtâ*
7. Pétrone, *Satiricon*
8. Plutarque, *Erotikos*
9. Marc-Aurèle, *Pensées pour moi-même*
10. Cicéron, *Savoir vieillir* (*Cato Maior, de Senectute*)
11. Cicéron, *L'Amitié*
12. Aristote, *Les Grands Livres d'éthique* (*La Grande Morale*)
13. Sénèque, *L'Homme apaisé* (*Colère* et *Clémence*)
14. Plutarque, *La Conscience tranquille* (suivi du *Bavardage*)

Sénèque

L'HOMME APAISÉ

COLÈRE ET CLÉMENCE

traduit du latin
par Paul Chemla

arléa

ISBN 2-86959-265-5

SOYONS HUMAINS !

« *Tant que nous sommes parmi les hommes, soyons humains !* » Le message des deux traités de Sénèque ici réunis, *La Colère* et *La Clémence,* n'a rien perdu de son urgence après vingt siècles. Ces textes de sagesse, auxquels on a tenté de rendre toute leur vigueur, touchent à l'essentiel de notre vie, intérieure et collective. Ils sont à lire et à méditer sans médiation. On n'a pas cherché à préciser les nombreuses allusions historiques : le lecteur n'aura aucun mal à en trouver d'autres, que Sénèque n'a pu connaître mais que ses lignes évoquent pour nous. Œuvre d'aujourd'hui.

Limitons-nous ici à rappeler le contexte tumultueux où ces livres de paix ont été écrits, et à prévenir une critique injustifiée. On a parfois soutenu que ces textes n'étaient pas toujours rigoureux, qu'on pouvait y mettre au jour des contradictions, quelques-unes fort nettes. Il y en a : il convient de les réduire en pensant leurs termes ; Sénèque donne à réfléchir. Mais ce dontil faut avoir conscience, c'est qu'elles s'inscrivent dans une vision de l'homme et du monde extrêmement précise, fondée sur des hypothèses simples et fortes.

AN 41

Sénèque a (probablement) quarante et un ans lorsqu'il écrit *La Colère.* Dix ans déjà qu'il est rentré d'Alexandrie ! Au cours de ce long et fructueux séjour dont il a rapporté un livre, *La Géographie et les Rites religieux de l'Égypte,* on dit qu'il s'est lié d'amitié avec un prêtre égyptien, qu'il a eu des contacts avec des penseurs juifs – peut-être Philon –, qu'il a fréquenté des savants grecs, qu'il a pleinement participé à la vie intellectuelle du creuset de la Méditerranée orientale où le stoïcisme, de plus en plus, fait figure d'horizon commun. Depuis, il a continué à étudier, à écrire : *La Nature des pierres. La Nature des poissons. Les Tremblements de terre.*

La Nature. Dans le vaste courant d'idées qui, autour de la pensée de Zénon de Citium, intègre tant d'apports et de recherches, c'est le maître mot. Évidence première : il y a la Nature, fondamentalement bonne et harmonieuse, la force de vie, l'ordre divin. Mais pas au sens d'un Dieu personnel qui s'intéresserait parti-

culièrement aux hommes, que l'on pourrait prier pour faire pleuvoir, qu'il faudrait apaiser par des sacrifices. Non, la Nature, nous en faisons partie, mais elle nous dépasse infiniment, elle ne tourne pas autour de nos petites personnes, elle n'existe pas pour nous.

Qui sommes-nous dans la Nature ? Les plus accomplis des animaux – si accomplis que notre fonctionnement, notre principe directeur, sont totalement différents de ceux des autres. C'est que nous avons un esprit : seuls nous pouvons « discerner, anticiper, nous concentrer sur une idée et réfléchir » – seuls nous pouvons comprendre l'ordre de l'univers. Mais pour le reste, nous sommes comme les autres : mortels et sujets à tous leurs maux physiques... et aussi à des maux supplémentaires, liés à cet esprit qui nous distingue. Sénèque : « Nous sommes nés comme ça, animaux exposés aux maladies d'esprit aussi bien que de corps. » On ne saurait mieux dire.

Maladie d'esprit. L'idée est féconde. Comme le corps a un état sain et de nombreux états malsains – les affections physiques –, l'esprit a une bonne santé – la raison – et de nombreuses maladies – les passions. Qu'est-ce que la raison ? C'est l'esprit tourné dans le bon sens : il imite cet ordre naturel qu'il est seul à comprendre, dans ses deux qualités essentielles, la sérénité et la bienfaisance. Que sont les passions ? L'esprit tourné dans d'autres sens, entraîné vers le chaos et les crimes. La condition humaine est ambiguë : elle est naturellement bonne (« Qu'y a-t-il de plus doux que l'homme quand il se trouve dans son état normal ? »), et pourtant « nous sommes tous mauvais » – tous malades. Il faut guérir. Il faut apaiser l'homme.

C'est possible. La Nature n'aide-t-elle pas puissamment à la guérison des maladies physiques ? Il en va sûrement de même contre les maladies d'esprit. Sénèque : « Elle est facile, la route de la vie heureuse. Prenez-la seulement : les auspices y sont favorables et les dieux eux-mêmes vous souhaitent bon voyage. »

Mais quand commence cette année 41, la maladie d'esprit est au pouvoir. L'intolérable : depuis deux ans, l'empereur Caligula multiplie les exécutions, les tortures, les assassinats, les massacres. Barbarie à Rome. Sénèque est directement menacé : il est très lié aux deux sœurs de l'empereur, Julia Livilla et Agrippine, qui sont en disgrâce et font figure d'opposantes. Dans le cercle qu'elles animent et protègent, Sénèque est la tête pensante.

Dès janvier, tout bascule : Caligula meurt, assassiné par un officier de sa garde qu'il avait raillé une fois de trop. Proclamé empereur, Claude rappelle ses nièces Julia Livilla et Agrippine. Une ère nouvelle commence. Rome respire après la tyrannie. Sénèque sera-t-il l'homme du jour ? En quelques mois, il écrit *La Colère*.

C'est un dialogue fictif avec son frère aîné Novatus, alors préteur et qui sera un jour proconsul d'Achaïe. Avec son frère, on peut parler de l'homme en profondeur, sur le ton le plus intime et direct. Avec un magistrat impérial, de la société et du pouvoir. Car tel est le projet de Sénèque : derrière l'agressivité d'un particulier, d'un empereur, derrière les abus de pouvoir privés et politiques, les petites vengeances et les guerres dévastatrices, montrer la maladie d'esprit. Et enseigner à la guérir.

« Un animal social né pour le bien commun » : *autre*

définition de l'homme selon Sénèque – et le stoïcisme. Si le sage atteint, à l'image de la Nature, la paix intérieure, il l'imite aussi en faisant œuvre de paix autour de lui. La conscience d'appartenir à une communauté humaine est très vive – pas sa cité ou sa nation seulement, mais l'humanité : nous sommes tous concitoyens dans une cité plus grande, le monde. Et un lien fort relie l'homme vivant à celui du passé et du futur.

Seule la raison, naturellement bienfaisante, peut assurer le salut de l'espèce. L'humanité ne survit que par l'entraide des hommes. « Ce n'est pas la terreur mais l'amour mutuel qui la tient solidaire dans l'alliance commune. » *La passion – et singulièrement la colère – la met en danger. Il faut en guérir l'homme, la société, le prince. En finir avec la maladie d'esprit. C'est possible, car la santé est naturelle.*

L'analyse heurte de plein fouet le sens commun, vigoureusement assené par Novatus et théorisé par Aristote : mais la colère aussi, c'est naturel. L'extirper complètement ? Impossible. Et d'ailleurs est-ce bien souhaitable ? nous perdrions toute notre énergie ! Non, il faut la modérer, éviter ses excès, mais conservons-la – au service de nos actions justes.

L'intolérable : faut-il le refuser ou faire avec ? l'éliminer ou le réguler ? ne rien avoir à faire avec lui ou s'en servir comme moyen à de « bonnes » fins ? La question est éternelle et nous savons bien comment, « tous mauvais », nous y répondons dans la pratique. Par « réalisme ». Par habitude. Parce qu'il faut bien se défendre contre les autres qui, eux aussi, répondent mal. Et ce qui est très majoritaire dans l'homme et la société devient règle absolue en politique.

L'hypothèse Nature de Sénèque lui donne la force du refus, et sa justification théorique. Il la fonde d'abord : non, la colère n'est pas naturelle ; non, elle n'est pas nécessaire à l'énergie ; non, elle n'est pas utile ; oui, on peut la réprimer – et il donne des exemples célèbres. Puis il aborde la grande question : comment faire ? Comment exercer le pouvoir ? Comment éduquer la jeunesse ? Comment réagir aux agressions ? Comment ne pas se mettre en colère ? Comment, si la colère est là, la dominer ? Comment apaiser celle des autres ?

Celui qui refuse est obligé d'être plus réaliste que le « réaliste ». Car il ne vise pas à moraliser le réel – et bientôt à l'enjoliver et à le justifier. Il doit au contraire imposer son principe à un concret qui n'en veut pas, qui résiste, qui proteste comme un beau diable. Il doit se colleter avec lui, entrer dans les détails, accepter tout ce qu'il peut pour mieux isoler l'inacceptable. Il ne condamne pas toute *violence. Il refuse l'esprit de violence. Il ne refuse pas* toute *punition. Il condamne la punition sous le coup de la colère, celle qui blesse le coupable sans profit ni pour lui ni pour personne.*

Enfin, dans La Colère, *Sénèque se garde d'idéaliser le sage, de tonner contre le Mal au nom du Bien et de prédire sa victoire définitive. Devenir sage, c'est très difficile, celui qui y parvient a déjà beaucoup failli, et reste faillible. Sachant ce qu'il est, connaissant bien la condition humaine, il sera tolérant avec les autres, cherchera uniquement à les guérir, les regardera «* d'un œil aussi bienveillant que le médecin ses malades *». Et la victoire totale est impossible : ce serait rendre la condition humaine invulnérable aux maladies ! Mais ce qui compte, c'est de maintenir le refus, de continuer la lutte : c'est comme dans un bateau qui prend l'eau de partout, il faut écoper sans s'arrêter, «* on ne lutte pas pour vaincre le mal, mais pour qu'il ne gagne pas *».*

Il est fort peu question de paix et de raison au palais. Les clans se déchirent dans un combat sans merci dont l'enjeu est le contrôle du nouvel empereur, que l'on pense maniable. Certains mettent leurs espoirs dans la toute jeune impératrice Messaline, qui a dix-sept ans alors que Claude en a cinquante. Julia Livilla, semble-t-il, cherche elle-même à séduire son oncle. Comment s'en débarrasser et abattre son « parti » ? On fera d'une pierre deux coups. Julia Livilla est soudain accusée d'adultère avec Sénèque. La première est exilée et vite assassinée. Quant au second, condamné à la relégation, il terminera l'année 41 en Corse.

AN 56

Sénèque écrit *La Clémence,* dans une atmosphère très comparable à celle du début 41. De nouveau, Rome respire. Le pouvoir très autoritaire de Claude a pris fin il y a un peu plus d'un an et chacun se félicite de l'humanité du nouvel empereur, le jeune Néron, qui a immédiatement rétabli le libre jeu des institutions.

Qu'a vécu Sénèque dans les quinze années qui séparent *La Colère* de *La Clémence ?* Il a passé les sept premières en Corse, avec interdiction de quitter l'île. On pense qu'il s'y est livré à de nombreuses recherches scientifiques. Il a peut-être écrit un traité, *La Forme du monde.* Il a aussi composé plusieurs tragédies et deux consolations, l'une à sa mère pour lui adoucir la séparation, l'autre, plus tardivement, à Polybe, l'affranchi de Claude, puissant au palais, pour tenter d'obtenir son rappel à Rome. En vain.

Mais, en août 48, au cours d'un épisode particulièrement inouï des intrigues de cour, Messaline est mise à mort. Agrippine la remplace et, début 49, Sénèque est de retour à Rome – tout près du pouvoir. Il devient le précepteur du fils d'Agrippine, le futur Néron, que Claude adopte en 50. Dans les années qui suivent, il continue à écrire : *La Brièveté de la vie. La Tranquillité de l'âme.* Mais politiquement, rien n'est joué : reste Britannicus, le fils de Messaline, que Claude peut à tout moment reconnaître comme successeur à la place de Néron. En octobre 54, quand il fait mine d'y songer, Agrippine empoisonne l'empereur. Néron est au pouvoir, et Sénèque avec lui. Il compose l'oraison funèbre de l'empereur Claude dont on fait officiellement un dieu et, sous le manteau, un violent pamphlet contre lui, *La Transformation en citrouille du Divin Claude* – qui est aussi une prise de position du « nouveau régime ».

Sénèque est donc à présent l'un des proches conseillers d'un empereur qu'il a « formé » et qui l'écoute. Mais l'année 55 n'est pas facile : Agrippine entend exercer la réalité du pouvoir et Néron, peu à peu, la contre ; l'empereur s'éprend d'une jeune esclave, Actè ; il chasse le puissant affranchi Pallas, instrument de sa mère. Agrippine semble alors se retourner vers Britannicus contre son propre fils. Au cours d'un dîner intime de conciliation organisé par Néron, Britannicus meurt empoisonné.

Tout accuse Néron, qui ne reconnaît pas le crime. C'est dans ce climat de profond malaise au palais que Sénèque lui adresse *La Clémence.*

Comme les passions s'accomplissent dans les vices, la raison s'exprime par les vertus. La clémence en est une, particulièrement adaptée au prince. Car c'est une réflexion sur l'homme monarque que va entreprendre ici Sénèque.

« Qui a inventé le roi ? C'est la Nature. » *Sénèque, qui dans* La Colère *avait eu contre « les rois » des mots bien durs, se contredit-il complètement ? Non, et l'on trouve en général, dans* La Clémence, *une grande fermeté de l'idée derrière la souplesse des mots. Le roi* « selon la Nature », *celui qu'il faut imiter, c'est en fait la reine des abeilles, qui seule* « n'a pas de dard ».

Tantôt parlant le langage de l'efficacité politique, tantôt celui de la hauteur morale, Sénèque transforme son éloge de Néron en réquisitoire contre les violences du pouvoir – guerre et dictature – et en illustration d'un autre « esprit de gouvernement ». *Le bon prince sait qu'*« il n'existe qu'un seul rempart inexpugnable : l'amour du peuple ». *Il se l'assure si ses sujets le* « voient jour après jour veiller à leur salut, collectif et individuel », *et* « faire passer leurs intérêts avant les siens ». *Comment le fera-t-il s'il se laisse emporter par ses passions ?* « La grande destinée réclame un esprit grand [...] Et le propre de l'esprit grand, c'est d'être calme, tranquille. » *La clémence sera donc l'ornement suprême de la puissance qui, bien sûr,* « ne doit pas faire mal, pour peu qu'elle se conforme à la loi naturelle ».

Parfaite cohérence de la pensée.

P.C., août 1990.

LA COLÈRE

LIVRE PREMIER

Tu m'as réclamé, Novatus, un livre où j'enseignerai à apprivoiser la colère et tu as bien raison, je trouve, de la redouter plus que tout, cette championne de la laideur et de la rage. Car nos autres passions ont leurs côtés calmes, pacifiques. Mais elle, elle est en bloc branle-bas de combat, elle s'enrôle dans le grand assaut de la rancœur, elle veut furieusement de la guerre, du sang, des supplices, l'inhumaine ! Et elle se moque de ce qui peut lui arriver : tout ce qui l'intéresse, c'est faire du mal à l'autre. Elle se rue sur ses propres lances tête baissée, assoiffée de vengeance... d'une vengeance qui emporte le vengeur avec elle ! C'est pour cela que certains sages ont dit : « La colère est une courte folie. » Comme une folle, elle ne sait pas se dominer, oublie toute pudeur, ne connaît plus ni parents ni amis, ne veut pas démordre de sa lubie, se barricade à la raison et aux conseils, s'excite pour des futilités, est incapable de distinguer le vrai du faux, le juste de l'injuste. Elle est exactement comme un mur qui s'écroule : elle se fracasse par-dessus ce qu'elle écrase. D'ailleurs, veux-tu la preuve qu'un homme sous l'emprise de la colère n'est pas sain d'esprit ? Regarde-le. Les signes caractéristiques de la démence – l'air rogue et menaçant, les traits durcis, l'œil torve, les grandes enjambées, les mains qui n'arrêtent pas de remuer, le teint qui vire au rouge, les grands jets d'air sans cesse expulsés des poumons –, ce sont les mêmes qui nous signalent la colère : les yeux jettent feux et flammes, à gros bouillons le sang monte des profondeurs et peint en rouge vif la figure tout entière, les lèvres s'agitent en tous sens, les dents se serrent, les cheveux se hérissent et se mettent debout, le souffle est court, sifflant, on entend craquer, gémir, mugir les articulations que les intéressés se torturent tout seuls, les phrases s'arrêtent net sur des mots imprécis, le poing frappe encore et encore l'autre main, le sol reçoit des pieds une pluie de coups, le corps entier est sens dessus dessous, *jouant la grande scène aux fureurs menaçantes*, et l'on a le spectacle affreux, horrible à voir, d'un visage qui gonfle et qui se contorsionne ! C'est à se demander si ce vice est plus détestable que laid ou le contraire ! Tous les autres, on peut les cacher, on peut les nourrir en secret. La colère vient s'afficher sur la figure : plus elle est forte, plus elles se voient, ses bulles. N'as-tu pas remarqué que tous les animaux montrent physiquement qu'ils sont sur le point d'attaquer ? Que leur corps tout entier, abandonnant l'aspect serein des heures paisibles, porte sa bestialité au paroxysme ? Le sanglier écume, il aiguise ses dents en les frottant. Le taureau encorne le vide et fait voler le sable en frappant le sol de son sabot. Le lion rugit. Le serpent furieux gonfle le cou. Le chien enragé a sinistre allure. Il n'est pas d'animal si affreux et si malfaisant au naturel qu'on ne puisse voir en lui, quand la colère le prend, l'avènement d'une férocité nouvelle. Et je sais bien que les autres passions aussi sont difficiles à cacher ; que le désir, la peur, la pulsion de violence ont aussi des signes précurseurs : il n'existe aucun trouble intérieur un peu vif qui ne change rien à un visage. Où est la différence, alors ? Ces passions-là se trahissent, et la colère, elle, saute aux yeux.

Maintenant, si tu veux bien mesurer ses effets – contempler les dégâts –, aucune peste n'a coûté plus cher au genre humain. Tu vas voir des meurtres, des empoisonnements, des prévenus qui s'entre-accusent, des villes mises à sac, des nations totalement exterminées, des princes vendus aux enchères, des torches jetées dans les maisons, des incendies que les remparts ne retiennent pas et qui vont éclairer d'immenses territoires des flammes de la guerre. Regarde les pauvres vestiges des plus célèbres cités : la colère les a rasées. Regarde ces étendues désertes, sans âme qui vive sur des milles et des milles : la colère les a dépeuplées. Regarde ces grands noms restés dans nos mémoires pour leur destin tragique. Lui, la colère l'a poignardé au lit. Lui, elle l'a frappé à la table sacrée de son hôte. Lui, elle l'a taillé en pièces en plein tribunal, sous les yeux de tout le forum noir de monde. Lui, elle l'a obligé à livrer tout son sang à son fils parricide. Lui, à tendre au bras d'un esclave son cou de roi et lui, à disloquer ses membres sur la croix. Et je ne parle que de cas isolés. Que dirais-je si, laissant ceux que la colère a réduits en cendres homme par homme, tu regardais les foules massacrées par le glaive, la troupe qui surgit et se livre au carnage, la tuerie générale où des peuples entiers sont condamnés à mort *...

* Enfin ! Pourquoi le peuple se fâche-t-il contre les gladiateurs ? Quelle injustice ! Se croit-il lésé parce qu'ils ne mettent pas assez d'enthousiasme à mourir ? Pour lui, c'est un affront et, du regard, du geste, de la voix, le spectateur se mue en adversaire. Tout comportement de ce genre, ce n'est pas la colère, c'est la colère « comme si », telle celle des enfants qui, lorsqu'ils sont tombés, veulent battre la terre et souvent ne savent même pas contre qui ils sont en colère mais seulement qu'ils le sont, sans raison, sans qu'on leur ait rien fait, mais non sans la vague impression d'être victimes et le désir vague de punir. Voilà pourquoi on les abuse en faisant semblant de frapper, on les calme en feignant d'implorer leur pardon : une fausse vengeance a raison d'un faux ressentiment.

– Mais, souvent, ce n'est pas contre des gens qui nous *ont fait* du mal que nous nous fâchons, c'est contre des gens qui nous *veulent* du mal. Tu vois bien que la colère ne vient pas de ce qu'on a subi.

– C'est vrai que nous nous fâchons contre ces gens-là ; c'est qu'ils nous agressent rien qu'en pensant à mal : celui qui s'apprête à me nuire me nuit déjà.

– Écoute, la colère n'est pas désir de punir. La preuve, c'est qu'on voit souvent les derniers des misérables enrager contre les grands de ce monde – ils ne désirent pas les punir, bien sûr, puisqu'ils n'ont aucun espoir d'y arriver.

*. Ici se situait un passage qui ne nous est pas parvenu. Sénèque y définissait la colère comme « désir de punir ceux qui nous ont fait du mal ». (N.d.T.)

– D'abord, j'ai dit *désir* de punir, pas *capacité* : les hommes désirent même ce qu'ils ne peuvent avoir. Et puis, nul n'est si misérable qu'il ne puisse espérer châtier même le plus grand. Pour faire du mal, nous sommes doués. La définition d'Aristote n'est pas très différente : « La colère, c'est le désir de rendre un mal subi. » Il serait trop long d'analyser ce qui sépare sa formule de la mienne. Aux deux on a fait la même objection : « Mais un fauve en colère ? Nul ne l'a agressé. Il ne veut ni punir ni rendre le mal. Et s'il le fait, c'est sans l'avoir cherché. » Ce qu'on devrait dire, c'est qu'il n'y a pas de colère chez les fauves, ni chez aucun être vivant sauf l'homme : cette ennemie de la raison ne naît que là où la raison habite. Les fauves, c'est une pulsion qu'ils ont, c'est de la rage, de la férocité, un instinct prédateur. Mais pas plus de colère que de lascivité, même si, dans le plaisir, ils sont parfois plus intempérants que les hommes. Ne crois pas le poète quand il dit :

Le sanglier oublie de se mettre en colère,
Les cerfs de confier leur destin à la course,
Et les ours d'assaillir les valeureux troupeaux.

Se mettre en colère c'est, ici, s'exciter, se ruer. Mais les animaux ne sont pas plus capables de colère que de pardon. Sans langage, ils ignorent les sentiments humains. Ils n'ont que des pulsions qui leur ressemblent. S'ils connaissaient l'amour et la haine, ils connaîtraient aussi l'amitié, l'inimitié, la discorde, la concorde. On en voit bien chez eux quelques vagues empreintes mais, pour le reste, ces vices et ces vertus sont le propre de l'homme. Il n'a été donné à nul autre de pouvoir discerner, anticiper, se concentrer sur une idée et réfléchir, et ce n'est pas seulement de nos vertus que les animaux sont incapables, c'est aussi de nos vices. Leur façon d'être, tant externe qu'interne, diffère de la nôtre. Leur principe moteur suit une autre logique. Ils ont une voix, mais peu intelligible, confuse, incapable d'articuler des mots ; une langue, mais entravée, sans liberté de se mouvoir en plusieurs sens ; de même, leur principe est peu élaboré, peu précis. Ils captent une image, une impression des choses qui les fait réagir, mais elle est trouble et floue. D'où leurs charges furieuses et leurs folles paniques, qui ne sont pas des enchaînements appréhension-terreur, ressentiment-colère : elles n'en ont que l'allure. Elles tombent vite et se transforment en leur contraire : après les épouvantes et les déchaînements les plus paroxystiques, ils s'en vont paître et, de la rage, de la fuite éperdue, ils passent sans transition au calme et au sommeil.

Assez parlé de la nature de la colère. Sa différence avec l'irascibilité est claire : c'est la même qui sépare un homme qui a bu d'un ivrogne ou un homme qui a peur d'un lâche. L'irrité peut n'être point irascible, et l'irascible n'est pas constamment irrité. Je passe sur les autres nuances de colère que les Grecs désignent de noms particuliers, puisqu'elles n'en ont pas en latin, même si nous qualifions telle ou telle d'amère, d'âpre, de bilieuse, d'orageuse, d'explosive, d'intraitable, de féroce – autant de types de colère bien distincts. Ajoutons-y l'humeur maussade : c'est l'irascibilité des délicats. C'est qu'il y a des colères qui se limitent aux cris, d'autres aussi tenaces qu'elles sont répétées, d'autres toutes physiques et avares de mots, d'autres qui se déchargent en flots d'injures, d'autres boudeuses et qui récriminent, sans plus, d'autres qui sont extrêmes, terribles et rentrées, et mille autres avatars de ce mal multiforme.

Nous avons précisé ce qu'est la colère, si elle existe ailleurs que chez l'homme, ce qui la distingue de l'irascibilité et combien de types il y en a. Voyons maintenant si elle est naturelle chez nous et si elle sert à quelque chose, donc s'il est bon d'en conserver un peu.

La colère est-elle naturelle ? Observons l'homme et la réponse est claire. Qu'y a-t-il de plus doux que lui quand il se trouve dans son état normal ? Et qu'y a-t-il de plus cruel que la colère ? Qui aime plus son prochain que l'homme ? Qui le hait plus que la colère ? L'homme est sur terre pour l'entraide, la colère pour l'entre-destruction. Il veut rassembler, elle veut diviser. Lui, faire du bien, elle, faire du mal. Lui, sauver même l'inconnu, elle, frapper même l'être cher. Lui est prêt à tous les efforts pour rendre service à un autre, elle à courir tous les risques pour l'abattre. Quelle ignorance a pu assigner à l'œuvre la plus achevée de la nature, la plus parfaite, ce vice sauvage et malfaisant ? La colère, nous l'avons dit, a soif de punir, et la présence innée de ce désir dans le très pacifique cœur humain serait on ne peut moins conforme à sa nature. L'humanité survit par les bienfaits et la concorde. Ce n'est pas la terreur, mais l'amour mutuel, qui la tient solidaire dans l'alliance commune.

– Allons, n'est-il donc jamais nécessaire de punir ?

– Qui dit ça ? Mais sereinement, rationnellement. Pas dans le but de faire mal, mais pour soigner en faisant mal. Quand la hampe d'une javeline est tordue, si nous la passons au feu c'est pour la redresser. Si ensuite, nous l'écrasons sous des coins, ce n'est pas pour la briser, c'est pour l'allonger. Même chose pour les caractères enclins au vice : nous les redressons par la souffrance du corps et de l'esprit. Contre une affection bénigne, un médecin essaie d'abord de ne pas trop changer notre vie quotidienne ; il se contente de mettre un certain ordre dans la nourriture, les boissons, les exercices, et de raffermir la santé simplement en aménageant la vie du malade différemment. L'étape suivante, c'est de voir si la tempérance est efficace. Si la vie mieux réglée et la mesure ne donnent rien, le médecin retranche quelque chose. Si cela n'opère toujours pas, il interdit tout aliment et soulage le corps par la diète. Si ces remèdes relativement doux se révèlent inutiles, c'est à la veine qu'il frappe, et aux membres lorsque s'y sont mêlées des substances nocives qui diffusent la maladie. On ne considère aucun traitement comme trop dur si son effet est de rétablir la santé. Que l'homme qui garde les lois et régit la cité agisse ainsi ! Qu'il soigne les caractères avec des mots et des méthodes douces aussi longtemps qu'il le peut, afin de les persuader de leur devoir, de gagner les esprits au désir de justice et d'honnêteté, de faire haïr les vices et aimer les vertus. Puis, qu'il en vienne à un discours plus rude qui, tout en continuant de les mettre en garde, les blâme aussi. Qu'il passe ensuite aux punitions, mais légères, révocables.

Qu'enfin, il réserve les supplices extrêmes aux crimes extrêmes afin que nul ne meure sauf l'homme qui a lui-même intérêt à mourir. La seule différence avec les médecins, c'est qu'eux assurent une mort douce à ceux qu'ils ne peuvent sauver, tandis que lui leur ôte la vie dans la honte, en les exposant publiquement au mépris – non qu'il prenne plaisir à voir punir quelqu'un (une férocité si inhumaine est étrangère au sage) ; mais il fait d'eux un exemple pour tous. Que ceux qui n'ont pas voulu se rendre utiles servent la République au moins par leur mort.

Donc la nature humaine n'aspire pas à punir, et la colère, qui précisément aspire à punir, lui est forcément étrangère. Je rappellerai un mot de Platon (quel mal y aurait-il à utiliser les idées d'une autre école quand elles soutiennent nos thèses ?) : *L'homme de bien ne blesse pas.* Or la punition blesse. La punition ne sied donc pas à l'homme de bien. La colère non plus, par conséquent, puisque la punition sied tant à la colère. Si l'homme de bien n'a aucun plaisir à punir, il n'en trouvera sûrement aucun non plus dans une passion dont la grande volupté est de punir. La colère n'est donc nullement naturelle.

– Mais même si elle n'est pas naturelle, ne faut-il pas l'adjoindre à notre nature parce qu'elle s'est souvent révélée utile ? Elle soulève l'esprit et l'excite. A la guerre, le courage n'accomplit rien de magnifique sans elle si l'on n'a pas allumé sous lui la flamme de la colère, si son aiguillon ne l'a pas piqué au plus profond pour jeter les audacieux dans les dangers. Alors, la meilleure approche, de l'avis de certains, ce serait de modérer la colère sans la supprimer complètement.

Retirons-lui d'abord ce qui déborde, puis canalisons-la vers une saine mesure et gardons ce sans quoi l'action s'étiolerait, ainsi que la force et la vigueur de l'esprit.

– D'abord, il est plus simple de ne pas laisser entrer les vices que de les contrôler ; de ne rien admettre du tout que de modérer ce qu'on a admis. Ensuite, lorsque les vices ont pris possession des lieux, ils sont plus forts que le « contrôleur », et ne se laissent ni rogner ni réduire. Enfin, la raison elle-même, qui tient les freins, n'est puissante que séparée des passions. Si elles viennent se mêler à elle et la souiller, elle ne peut plus contenir ce qu'elle aurait pu repousser. Car l'intellect, après le premier choc, la première secousse, est au service de ce qui fait pression sur lui. En toutes choses, les débuts sont en notre pouvoir ; les suites nous entraînent par leur dynamique propre et rendent impossible le retour en arrière. C'est comme lorsque quelqu'un tombe dans le vide : il n'a plus sur lui-même le moindre libre arbitre : il tombe sans pouvoir ni s'arrêter ni ralentir ; la chute irrévocable lui ôte toute possibilité de décision, de repentir, l'obligeant à aller jusqu'au fond d'un gouffre où il aurait pu ne pas aller du tout. Pour l'esprit, c'est pareil : jeté dans la colère, l'amour ou les autres passions, il ne peut plus réprimer son élan ; il faut qu'il se laisse emporter, et le voilà entraîné tout au fond par son propre poids et par les vices – dont la nature est d'être en pente raide...

Donc, la meilleure approche, c'est de chasser d'emblée les premiers chatouillements de la colère, de repousser jusqu'à ses germes, de faire tous ses efforts pour ne pas y tomber. Car si jamais elle nous fait emprunter ses chemins de traverse, revenir à la santé sera dur. La raison n'est plus rien à l'instant même où la passion a pénétré et s'est vu reconnaître un droit sur notre volonté. Désormais, elle ira aussi loin qu'elle voudra, non aussi loin que nous le lui permettrons. C'est aux frontières qu'il faut repousser l'ennemi car, quand il aura franchi les portes, il n'acceptera pas que ses prisonniers lui marquent la limite à ne pas dépasser ! L'esprit n'est pas dans une tour d'ivoire. Il ne surveille pas de haut des passions qui lui seraient extérieures pour les empêcher d'avancer plus qu'il ne faut. Il se mue lui-même en passion et ne peut rappeler à lui l'utile et salutaire puissance qu'il a déjà affaiblie et livrée. Je l'ai dit : il n'y a aucune séparation, aucune division. La raison et la passion, c'est la mutation de l'esprit dans le bon sens et dans le mauvais. Alors, par quel moyen la raison, sous la botte, occupée par les vices, va-t-elle se redresser, si elle a cédé à la colère ? Comment va-t-elle se libérer de ce trouble mélange où le mauvais l'emporte ?

– Voyons, il y a des gens en colère qui se contiennent !

– Tu veux dire qu'ils ne font rien de ce que la colère leur dicte, ou qu'ils en font un peu ? S'ils ne font rien, c'est que la colère n'est pas nécessaire à l'action. (Vous la défendiez, tout à l'heure, en prétendant qu'elle avait plus d'énergie que la raison.) Répondez à la fin : est-elle plus forte que la raison ou plus faible ? Si elle est plus forte, comment la raison pourra-t-elle lui imposer des limites, puisque, d'habitude, seuls les plus faibles obéissent ? Si elle est plus faible, alors la raison se suffit à elle-même et n'a pas besoin de la colère pour agir. Elle n'ira pas chercher de l'aide chez plus faible qu'elle.

– Il n'empêche que certains savent se tenir et se contenir même en colère.

– Quand ? Lorsque la colère s'estompe et s'en va d'elle-même, pas quand elle bout à gros bouillons. Parce qu'alors la plus forte c'est elle.

– Mais enfin, il arrive souvent que l'on soit en colère et qu'on laisse partir indemne l'adversaire ; sans le toucher, sans rien lui faire.

– Ah oui ! Quand ? Lorsque la passion a repoussé la passion ! Quand la peur ou le désir ont obtenu quelque chose. Dans ce cas, ce n'est pas la raison qui a calmé le jeu, c'est une fragile paix de brigands entre passions.

D'ailleurs, la colère n'a aucune utilité en soi et ce n'est pas vrai qu'elle stimule l'esprit pour la guerre. Jamais la vertu ne doit demander d'aide au vice. Elle se sort très bien d'affaire toute seule. Chaque fois qu'elle a besoin d'attaquer, elle ne s'irrite pas, elle se dresse, elle se tend et se relâche avec l'intensité qu'elle juge nécessaire. C'est comme pour les traits que lancent les balistes : ceux qui les envoient les contrôlent par le nombre de tours qu'ils font à la corde. Aristote a dit : *La colère est nécessaire, et on ne peut vaincre au combat sans elle, si elle n'emplit pas les esprits, si elle n'embrase pas les cœurs ; il faut donc s'en servir non comme général, mais comme soldat.* Faux : si elle écoute la raison, qu'elle suit ses directives, il ne s'agit plus de la colère, qui se caractérise par sa mauvaise tête. Si elle résiste, si elle ne s'apaise pas quand on le lui ordonne, laissant le désir et la fougue l'entraîner, elle sera, pour l'esprit, une aide aussi nuisible qu'un soldat qui refuse le signal de la retraite. Bref, si elle souffre des bornes, il la faut nommer autrement : ce n'est plus la colère comme je la comprends, sans frein, indomptée ; si elle n'en souffre pas, elle est nocive et ne peut être considérée comme une aide. Donc, ou elle n'est pas colère, ou elle nuit. Si quelqu'un punit non par goût mais par nécessité, il n'est pas en colère. Quel soldat est utile ? Celui qui sait obéir au plan stratégique. Quant aux passions, elles jouent aussi mal le rôle du fantassin que celui du général.

Voilà pourquoi la raison n'enrôlera jamais dans ses troupes auxiliaires d'imprévisibles pulsions de violence sur lesquelles elle n'aurait aucune prise et qu'elle ne pourrait arrêter qu'en leur opposant d'autres pulsions semblables : la peur à la colère ; la colère à l'apathie ; le désir à la peur. Épargnons cette infortune à la vertu : la raison trouvant refuge auprès des vices ! L'esprit qui fonde sa sécurité sur ses mauvais penchants ne peut se détendre en confiance, il lui faut s'agiter, se maintenir à flot – incapable qu'il est, sans se mettre en colère, d'avoir du courage ; sans désirer quelque chose, de bien travailler ; sans avoir peur, de rester tranquille. Il est sous le joug de la tyrannie, celui qu'une passion réduit en esclavage. N'as-tu pas honte d'abaisser les vertus à vivre aux crochets des vices ? Et puis, la raison n'a plus aucun pouvoir si elle a besoin de la passion pour agir : elle commence à se mettre à son niveau et à lui ressembler. Car en quoi diffèrent-elles si, dans une symétrie parfaite, la passion est irréfléchie sans la raison et la raison inefficace sans la passion ? Deux choses sont à égalité quand l'une ne peut exister sans l'autre. Or, qui soutiendrait que la passion soit égale à la raison ?

– Mais tu reconnais que, si elle est modérée, la passion est utile.

– Si c'est par nature qu'elle est utile, aucun problème. Mais si elle ne se laisse pas diriger, si elle ne souffre pas la raison, tout ce qu'on obtiendra, en la modérant, c'est de la rendre moins nocive. Une passion qu'on modère n'est donc qu'un moindre mal.

– Mais contre l'ennemi, la colère est bien nécessaire, tout de même !

– Ah, surtout pas ! Là, il ne faut pas laisser à ses élans la bride sur le cou, mais bien plutôt les tempérer et les faire obéir. Pourquoi crois-tu que nous écrasons les Barbares, tellement plus robustes, tellement plus endurants, si ce n'est grâce à leur colère qui est leur pire ennemie ? Même chose pour les gladiateurs ; la technique les protège, la colère les expose. Quel besoin a-t-on de la colère où la raison fait parfaitement l'affaire ? Penses-tu que le chasseur soit en colère contre le gibier ? Pourtant, quand une bête l'attaque il soutient son assaut ; quand elle s'enfuit il la poursuit ; et sa raison fait tout ça sans colère. Qu'est-ce qui a exterminé tous ces milliers de Cimbres et de Teutons, qui nous avaient envahis par les Alpes, au point que seule la rumeur – et non un messager – pût apprendre aux leurs pareil carnage ? La colère – qui leur tenait lieu de courage. Car si elle a parfois réussi la percée, terrassé l'obstacle, elle a bien plus souvent été fatale à son camp. Ya-t-il peuple plus courageux que les Germains ? Peuple plus déterminé et plus âpre à l'assaut ? Peuple plus épris de la guerre – en laquelle ils sont nés, dont on les a nourris, qui est leur seul souci puisqu'ils négligent tout le reste ? Peuple plus endurci dans toutes les épreuves, au point qu'ils vivent demi-nus sans même chercher à s'abriter des rigueurs perpétuelles de leur climat ? Et pourtant... Avant même que la première légion se soit montrée, ils se font massacrer par les Espagnols, les Gaulois, les guerriers un peu mous d'Asie et de Syrie, qui ne doivent leur victoire qu'à une seule cause : la colère de leurs ennemis. Mais attends ! Prends ces corps, ces esprits ignorants des richesses, des jouissances, du luxe ! Donne-leur la raison, donne-leur la discipline : disons alors – pour rester optimistes – qu'il nous faudra sûrement retrouver bien vite l'antique vertu romaine ! Comment Fabius a-t-il rendu ses forces à la République affaiblie sinon en temporisant, en faisant traîner en longueur – toutes choses que l'homme en colère ne sait pas faire ? Rome aurait disparu, car elle était alors au bord du gouffre, si Fabius avait été aussi hardi que le lui conseillait la colère. Le destin de l'État dépendait de son jugement et, après avoir évalué ses forces dont il ne pouvait rien perdre sans provoquer l'écroulement définitif, il a mis de côté le ressentiment, la vengeance, et s'est concentré uniquement sur l'efficacité et l'opportunité tactique. Avant de vaincre Hannibal, il a vaincu la colère. Et Scipion ? Plantant là Hannibal, l'armée punique et tout ce qui aurait dû exciter sa colère, n'a-t-il pas transféré la guerre en Afrique ? Ne s'est-il pas montré si lent à la mener qu'aux yeux des malveillants il passa pour un mou, apathique à force de débauche ? Et le second Scipion ? Lors du siège de Numance, n'a-t-il pas fait preuve d'une patience et d'une obstination immenses ? N'a-t-il pas, sans s'émouvoir, surmonté le dépit – le sien et celui de l'opinion publique – de mettre plus de temps à vaincre cette ville que Carthage ? Cernant ses ennemis de palissades, les enfermant, il les a acculés à se précipiter sur leurs propres épées. Même à la guerre, donc, même au combat, la colère ne rend pas service : elle pousse à la témérité, elle ne pense qu'à porter le fer chez les autres sans s'en méfier elle-même. Le plus incontestable des courages, c'est celui qui a longtemps regardé autour de lui, et soigneusement, qui s'est maîtrisé, qui avance à pas lents en sachant où il va.

– Mais alors l'homme de bien ne se mettra pas en colère s'il voit tuer son père, enlever sa mère ?

– Non. Mais il vengera. Mais il protégera. Crains-tu que la piété filiale ne soit pas pour lui un aiguillon assez fort, même sans la colère ? D'ailleurs, pourquoi ne pas dire : « Mais s'il voit tailler en pièces son père ou son fils, l'homme de bien n'éclatera pas en sanglots ? Il ne va pas s'évanouir ? » C'est ce qui arrive aux femmes quand la situation paraît dangereuse. Le sage, lui, continue à faire son devoir, sans s'agiter, sans trembler. L'homme de bien ne fera rien qui soit indigne de l'homme tout court. On attaque mon père ? Je le défends. On le tue ? Je le venge. Parce qu'il le faut, non par ressentiment. Quand tu parles ainsi, Théophraste, tu cherches à dresser les gens contre les vrais principes du courage. Laissant là le juge, tu t'adresses à la salle. Comme tout le monde se met en colère quand ce genre de chose arrive aux siens, tu te dis : les gens vont être d'avis qu'il faut agir comme ils agissent eux-mêmes. La passion qu'on se reconnaît, on la trouve en général justifiée.

– L'homme de bien se met en colère quand on s'en prend aux siens. C'est un fait.

– Oui, il le fait aussi quand on lui présente maladroitement son eau chaude ; quand on casse un verre ; quand on asperge de boue ses chaussures ! Ce n'est pas piété filiale s'il est en colère, c'est impuissance. Comme les enfants qui ne pleurent pas plus s'ils perdent leurs parents que s'ils perdent des noisettes ! Se mettre en colère pour les siens ? Ce n'est pas le comportement d'un esprit aimant mais d'un esprit faible. Ce qui est digne et beau, c'est d'aller défendre nos parents, nos enfants, nos amis, nos concitoyens parce que notre devoir le veut et nous y mène, avec toutes nos capacités de jugement et de prévoyance, et non sous le coup d'un élan de rage. Aucune passion n'est plus avide de vengeance que la colère, et c'est précisément pour ça qu'elle est inapte à la vengeance. Elle va trop vite et elle n'a pas de tête – comme tout désir, d'ailleurs ! Sa précipitation même la met en échec. Voilà pourquoi jamais elle n'a été bonne conseillère, ni en temps de paix, ni en temps de guerre. La paix, elle lui donne le visage de la guerre, mais, sous les armes, elle oublie que Mars existe pour les deux camps, et elle tombe au pouvoir de l'ennemi faute d'avoir su garder son pouvoir sur elle-même. Et puis, ce n'est pas parce que les vices ont parfois eu quelque utilité qu'il faut leur ouvrir la porte : la fièvre peut soulager certaines douleurs, mais il vaut tout de même mieux ne pas en avoir. C'est un genre de remède à bannir que devoir sa santé à une maladie ! La colère, c'est la même chose : si, comme le poison, une chute, un naufrage, il lui est quelquefois arrivé d'être utile, ce n'est pas une raison pour lui faire bon visage.

Ajoutons que les vertus, plus elles sont grandes et mieux c'est. Et plus on est content. La justice est un bien ? Personne ne va dire qu'elle sera meilleure d'être un peu rognée. Le courage est un bien ? Personne n'a envie de lui retirer ceci ou cela. Même chose pour la colère, si c'est un bien : plus elle est grande, mieux ça vaut. Car qui a jamais refusé, pour n'importe quel bien, d'en avoir davantage ? Et pourtant, cette « vertu »-là, qu'on l'augmente et c'est nuisible ! Donc qu'elle existe, c'est nuisible ! Aucun bien ne devient un mal en s'accroissant !

– La colère est utile : elle rend plus combatif.

– L'état d'ivresse aussi, si tu vas par là, qui fait des violents, des audacieux. Bien des gens tiennent mieux l'épée quand ils ne sont pas trop sobres. Dis aussi que le délire et la démence sont nécessaires pour être en forme, car, souvent, la folie furieuse rend plus vaillant. Mais j'y pense ! Est-ce que la terreur, quelquefois, n'a pas poussé paradoxalement à l'audace ? Et la peur de la mort, n'a-t-elle pas fait bondir au combat jusqu'aux plus apathiques ? Mais la colère, l'état d'ivresse, la terreur et autres moyens de ce genre sont des stimulants honteux et temporaires. Ils n'arment pas la vertu – qui n'a aucun besoin des vices – mais revigorent seulement une âme qui sans cela serait passive et lâche. Ne devient courageux en colère que celui qui ne serait pas courageux sans colère. Donc elle ne vient pas seconder le courage, elle le remplace. Et d'ailleurs, si c'était un bien, pourquoi ne siérait-elle pas aux individus les plus accomplis ? Or, ce sont les bébés, les vieillards et les malades qui sont le plus irascibles ; l'humeur bougonne est caractéristique de tous les êtres naturellement sans force.

– L'homme bon ne se mettra donc pas en colère contre les méchants ? Impossible !

– Et s'il est très bon, il sera sûrement très colérique. Veille bien à ce qu'il ne soit pas au contraire très calme et très affranchi des passions, comme un homme qui ne hait personne. Car ceux qui font le mal, quelle raison a-t-il de les haïr puisque c'est l'égarement qui les pousse ? Il n'est pas très prudent de haïr ceux qui s'égarent : on se haïra soi-même. Qu'il compte combien de ses actes à lui ont été contraires à la morale, combien il en a à se faire pardonner ! Le voilà aussi en colère contre lui-même ! Car il ne serait pas un juge équitable s'il ne rendait pas la même sentence pour lui et pour les autres. Je dis, moi, que personne ne pourra s'absoudre. Celui qui se dit innocent regarde le témoin dans les yeux, non sa conscience. Comme il est plus humain de tourner vers ceux qui font le mal un regard doux et paternel ! De ne pas les poursuivre mais de les rappeler ! Quand quelqu'un divague dans tes champs parce qu'il a perdu sa route, il vaut mieux lui montrer son chemin que le chasser.

Voilà pourquoi nous devons corriger le coupable par la mise en garde comme par la force. En douceur et brutalement. Nous devons le rendre meilleur, autant pour lui-même que pour les autres – non sans punition mais sans colère. Qui se met en colère contre celui qu'il soigne ?

– Mais on ne peut pas les corriger ! Il n'y a chez eux ni mesure, ni rien qui puisse donner quelque espoir !

– Retranchons de la communauté des hommes ceux qui salissent tout ce qu'ils touchent, et par le seul moyen qui mettra fin à leur scélératesse. Mais sans haine. Car pourquoi haïrais-je celui à qui, en l'arrachant à lui-même, je rends si éminent service ? Exècret-on le membre qu'on ampute ? Ce n'est pas de la colère, c'est un traitement regrettable. Nous assommons les chiens enragés, nous tuons les bœufs devenus sauvages et agressifs, nous égorgeons les moutons malades pour qu'ils ne contaminent pas le troupeau. Nous faisons disparaître les portées monstrueuses, nous noyons aussi les enfants nés chétifs et malformés, mais ce n'est pas la colère, c'est la raison qui sépare le bon grain de ce qui peut lui nuire. Rien n'est moins adapté à l'homme qui punit que la colère. Une peine prononcée de sang-froid corrigera bien mieux. Voilà pourquoi Socrate disait à son esclave : « Je te frapperais si je n'étais pas en colère. » Pour admonester son esclave, il voulait attendre d'avoir la tête plus froide – dans l'immédiat, il n'a fait que s'admonester lui-même. Chez qui la passion sera-t-elle modérée, si Socrate n'osait pas écouter sa colère ?

Donc, nul besoin que celui qui châtie l'égaré et le criminel soit en colère. La colère est un délit de l'esprit : ce n'est pas à qui le commet de corriger ceux des autres.

– Enfin ! Je ne serais pas en colère contre un voleur, un empoisonneur ?

– Non, car je ne suis pas en colère contre moi quand je me saigne. Je considère toute punition comme un traitement. « Toi, tu n'en es encore qu'aux premiers égarements. Ce n'est pas gravement mais souvent que tu as trébuché ; la réprimande, d'abord secrète, puis publique, tentera de t'amender. – Toi, tu es déjà allé trop loin pour que des mots seulement puissent te guérir. Pour te tenir, il faut les marques d'infamie. – Toi, on va t'appliquer quelque chose de plus brûlant que le fer rouge ; que tu le sentes : tu iras en exil dans des lieux inconnus. – Toi, ta scélératesse, déjà bien endurcie, exige plus dur remède encore : les chaînes et la prison. – Quant à toi, ton esprit incurable, tramant crimes sur crimes, tu ne lui cherches plus de raison (et pourtant il n'en manquera jamais). Faire le mal pour le mal est pour toi désormais une raison suffisante. Tu as bu jusqu'au bout la malfaisance, et elle s'est tellement mêlée à tes entrailles qu'on ne peut l'arracher qu'en te les arrachant. Depuis longtemps, misérable, tu cherches à mourir. Nous allons te rendre ce service ; t'enlever cette folie qui te fait déchirer et te déchire. Homme immergé dans les tortures – les tiennes et celles des autres –, nous allons t'offrir le seul bien possible pour toi : la mort. »

Pourquoi me mettrais-je en colère contre un homme à qui je suis suprêmement utile ? Parfois, la meilleure pitié c'est de tuer. Si, médecin expérimenté et compétent, j'entrais dans un hôpital ou au service d'un riche, je ne prescrirais pas le même traitement pour ceux qui souffrent de maladies différentes. Ainsi, je vois tant de vices dissemblables en tant d'esprits, et mon travail, c'est de soigner la cité. A chaque maladie son remède. Lui, c'est la honte qui le guérira. Lui, c'est l'éloignement. Lui, c'est la douleur. Lui, ce sont les privations. Lui, c'est le fer. Donc, s'il me faut revêtir la tenue du magistrat, convoquer l'assemblée au son de la trompette, je ne monterai pas au tribunal furieux et agressif, mais avec le visage même de la loi. Je commencerai par des mots solennels, d'une voix douce et grave, non sur un ton rageur. Je condamnerai à mort par rigueur, non par colère. Quand je donnerai l'ordre que l'on tranche le cou à un être nocif, que l'on couse le parricide dans un sac de cuir, que l'on exécute un soldat, que l'on fasse monter le traître, l'ennemi public, sur la roche Tarpéienne, je serai sans colère, montrant même visage et même état d'esprit qu'en frappant les serpents et les scorpions.

– Non ; pour punir il faut être capable de colère.

– Ah bon ? Selon toi, la loi est en colère contre des gens qu'elle ne connaît pas, qu'elle n'a jamais vus, dont elle espère même qu'ils n'existeront pas ? Pas du tout, et c'est bien pour ça que nous devons nous pénétrer de son esprit : elle ne s'irrite pas, elle décide. D'ailleurs, si l'homme de bien doit se mettre en colère pour les méfaits des autres, il doit aussi envier la chance des méchants. Car quoi de plus indigne ? Des hommes prospèrent en abusant de l'indulgence de la Fortune, et aucun supplice ne serait suffisant pour eux. Mais il ne sera pas plus jaloux de leur bonheur que furieux de leurs crimes. Un bon juge condamne qui doit être condamné, il ne le hait pas.

– Que dis-tu là ? En traitant une telle affaire, son esprit n'en serait pas touché ? Il ne serait pas plus ému que d'habitude ?

– Je l'avoue, il sentira un petit pincement au cœur. Léger. Car, comme l'a dit Zénon, si dans l'esprit du sage la blessure est guérie, reste la cicatrice. Il sentira en lui l'impression fugitive, l'ombre de la passion ; mais pas la passion.

Aristote a dit que certaines passions peuvent servir d'armes, si on sait bien les manier. Ce serait vrai si, comme une épée ou une lance, on pouvait, à son gré, les prendre ou les déposer. Mais ces armes qu'Aristote

voudrait remettre à la vertu, elles se battent toutes seules et pour elles-mêmes, elles n'attendent pas qu'on les empoigne ; ce sont elles qui tiennent, on ne les tient pas ! Quel besoin d'armes supplémentaires ? Avec la raison, la nature nous a suffisamment armés. Voilà un javelot solide, perpétuel, docile, pas à double tranchant, qui ne peut être retourné contre son maître. Et ce n'est pas seulement pour prévoir, c'est pour agir que la raison se suffit à elle-même. Car quoi de plus stupide que la raison demandant de l'aide à la colère ! La stabilité à l'instabilité, la loyauté à la déloyauté, la santé à la maladie ! Et si je te disais que même pour les actes où la colère semble nécessaire, la raison, par ses propres forces, est beaucoup plus courageuse ? Mais oui ! Une fois qu'elle a décidé d'agir elle s'y tient : elle ne va pas s'opposer à elle-même un argument meilleur qui la fera changer ; donc ce qui est décidé est décidé. Quant à la colère, la pitié la fait souvent reculer. Elle n'a pas de vraie force ; elle se gonfle de vide ; elle commence en tempête, comme ces vents qui se lèvent à l'intérieur des terres (conçus par les fleuves et par les marais, ils sont violents mais ne tiennent pas). Elle aussi part très fort, mais elle s'affaisse bien vite, fatiguée avant l'heure. Elle n'a cessé de retourner dans sa tête des idées de cruauté et des châtiments inédits, mais, quand vient le moment de sévir, la voilà déjà brisée et adoucie. La passion tombe vite. La raison reste égale. Même quand la colère persévère, d'ailleurs, il n'est pas rare que, plusieurs personnes ayant mérité la mort, elle en tue deux ou trois puis s'arrête. Ses premiers coups sont terribles. Comme le serpent ! Lorsqu'il sort de son trou, son venin est dangereux, mais ses crocs sont inoffensifs quand des morsures fréquentes ont vidé ses réserves. Il s'ensuit que des délits égaux ne seront pas suivis de punitions égales. Et souvent, c'est celui qui en a fait le moins qui sera le plus châtié, parce qu'il aura subi une colère encore fraîche. Elle est injuste en tout : tantôt elle court trop loin, tantôt elle traîne les pieds. C'est qu'elle est pleine d'indulgence pour elle-même, qu'elle juge en fonction de son désir, sans vouloir écouter ni laisser aucune place à l'avocat. Ce qu'elle a pris, elle le garde : elle ne se laisse pas arracher sa sentence même quand elle est mauvaise.

La raison accorde du temps aux deux parties, puis elle demande le délai de réflexion nécessaire pour faire sortir la vérité. La colère est pressée. La raison veut décider ce qui est juste. La colère veut que ce qu'elle a décidé semble juste. La raison ne regarde rien hors de l'affaire. La colère s'émeut d'apparences futiles sans rapport avec la question. Un visage un peu trop sûr de lui, une voix un peu trop claire, un langage un peu trop direct, une mise un peu trop élégante, une défense un peu trop théâtrale et la faveur du peuple – tout cela l'exaspère et, souvent, par haine de l'avocat, elle condamne l'accusé. Même quand la vérité lui saute aux yeux, elle aime et protège l'erreur. Elle ne veut pas être prise en défaut et juge plus honorable, quand elle est mal engagée, de s'obstiner que de se repentir.

Cneius Pison, que nous avons connu, avait fort peu de vices. Mais il était méchant et prenait sa dureté de cœur pour de la fermeté. Un jour, sous le coup de la colère, il ordonna d'exécuter un soldat revenu sans son camarade d'une mission de ravitaillement, l'accusant d'avoir tué celui dont il ne pouvait expliquer l'absence.

L'homme lui demanda un peu de temps pour aller à sa recherche. Il refusa. Le condamné fut alors emmené hors du camp et il tendait déjà la nuque lorsque paraît soudain le compagnon que l'on croyait assassiné. Alors, le centurion préposé au supplice dit à l'exécuteur de rentrer son glaive et ramène le condamné à Pison : il allait rendre au général son innocence, puisque la fortune avait rendu la sienne au soldat. En un cortège immense, les légionnaires, fous de joie, escortent les deux hommes qui s'embrassent. Pison, furieux, remonte au tribunal et donne l'ordre de les exécuter tous deux : celui qui n'avait pas tué et celui qui n'était pas mort. Quoi de plus ignoble ? Parce que l'innocence d'un homme venait d'éclater, on allait en faire mourir deux ! Et Pison en ajouta un troisième, car il ordonna d'exécuter le centurion qui lui avait ramené le premier. Il fut donc décidé que, sur les mêmes lieux, trois hommes périraient pour l'innocence d'un seul.

Ô ingéniosité de la colère à forger des raisons pour son cours furieux ! « Toi, dit Pison, j'ordonne ton exécution parce que tu as été condamné. Toi, pour avoir été la cause de la condamnation de ton camarade. Et toi, parce que, ayant reçu l'ordre de procéder à une exécution, tu as désobéi au général en chef. » Ainsi inventa-t-il trois motifs de tuer pour n'en avoir trouvé aucun.

L'irascibilité, disais-je, a ce défaut : elle ne veut pas plier. Elle s'emporte contre la vérité elle-même quand elle éclate contre sa volonté. Ceux qu'elle a pris pour cible, elle les poursuit de ses cris, de son tumulte, elle se jette contre eux de tout son corps, assaisonnant le tout d'invectives et de malédictions. La raison n'en fait rien. Mais, quand c'est nécessaire, silencieuse et calme, elle renverse des clans entiers de fond en comble, extermine – femmes et enfants compris – des familles qui sont de vrais fléaux pour l'État, démolit leur maison, la rase jusqu'au sol et extirpe leur nom ennemi de la liberté. Et tout cela sans grincer des dents, ni secouer la tête avec rage, ni faire quoi que ce soit d'indigne d'un juge qui se doit d'être d'autant plus placide et impassible que ses peines sont lourdes.

Hiéronymos disait : « Quand tu veux frapper quelqu'un, quel besoin de te mordre d'abord les lèvres ? » Qu'aurait-il dit, alors, s'il avait vu un proconsul bondir du tribunal, arracher leurs faisceaux aux licteurs et déchirer ses propres vêtements parce qu'on tardait trop à déchirer ceux d'un autre ! Oui, quel besoin de renverser la table ? Pourquoi jeter par terre les coupes ? Pourquoi se cogner la tête contre une colonne ? Pourquoi s'arracher les cheveux, se frapper les cuisses et la poitrine ? Tu la trouves intelligente, toi, la colère, de se retourner contre elle-même parce qu'elle ne peut bondir sur l'autre aussi vite qu'elle le veut ? Voilà pourquoi les colériques se font « retenir » par leurs proches ! Il faut les supplier de s'épargner eux-mêmes ! Rien de tout ça n'existe chez l'homme qui, sans colère, fixe à chacun la peine qu'il a méritée. Souvent, si un coupable pris sur le fait a montré pour son acte un remords prometteur, il le laisse libre. Si le juge a compris que la méchanceté n'était pas dans son cœur mais seulement, comme on dit, à la surface, ce sera l'acquittement, pas plus dangereux pour le bénéficiaire que pour ceux qui l'accordent. Souvent, ce juge se montrera plus indulgent pour de grands crimes que pour de petits, si les premiers ont été commis par égarement et non par cruauté, alors que les seconds dénotent un savoir-faire discret, couvert et bien rodé. Le même délit, chez deux personnes différentes, ne sera pas puni de la même façon, si l'une s'y est laissé aller par négligence tandis que l'autre l'a prémédité soigneusement. Pour toute punition, le juge ne perdra jamais de vue qu'elle doit servir à amender les coupables ou à les mettre hors jeu. Dans les deux cas, il ne considérera pas le passé mais le futur (car, comme l'a dit Platon, « aucun homme sensé ne punit parce qu'il y a eu crime mais pour qu'il n'y ait pas crime ; on ne peut effacer celui du passé, mais on peut empêcher celui à venir »). Ceux dont il veut faire des exemples illustrant les tristes conséquences de la scélératesse, il les exécutera en public pour que leur mort en dissuade d'autres. L'homme à qui revient de peser avec soin, d'estimer tout cela, tu vois bien qu'il doit être libre de toute émotion quand il saisit l'arme qu'il faut manier avec la prudence la plus grande : le pouvoir de vie et de mort. Ce serait un désastre de confier le fer à un homme en colère.

Ne pense surtout pas que la colère puisse grandir un esprit : elle n'est pas grandeur, elle est enflure. Comme un corps que gonflent des humeurs malignes : la maladie n'est pas pour lui un « plus », c'est une excroissance pathologique ! Tous ceux que leur extravagance a soulevés au-dessus des pensées humaines se sont crus inspirés d'idées hautes et sublimes ; mais en fait, il n'y avait là rien de solide. L'écroulement menace toujours un mur que l'on monte sans fondation. La colère n'a pas de base où se caler. Elle ne naît pas sur un sol ferme et définitif, elle est vent, elle est vide, et elle diffère autant de la grandeur que l'effronterie diffère du courage, l'insolence de l'assurance, le chagrin de la gravité, la cruauté de la rigueur. Il y a loin, je l'affirme, de l'esprit hautain à l'esprit haut. La colère ne construit rien de vaste et de beau – bien au contraire, comme elle se rend compte, je crois, de la faiblesse de son esprit engourdi, tourmenté, elle est souvent tout endolorie, tels ces corps pleins d'ulcères qui gémissent au plus léger contact. C'est pourquoi la colère est d'abord le vice de la femme et de l'enfant.

– Mais elle existe aussi chez les hommes !

– Chez les hommes aussi on trouve des natures de femme et des natures d'enfant. Mais quoi ? Ceux qui ignorent ce qu'est la vraie grandeur ne croient-ils pas la voir dans certaines exclamations de gens en colère, comme celle-ci, célèbre, sinistre, abominable : « Qu'ils me haïssent, pourvu qu'ils me craignent » ? Sache qu'elle fut écrite sous Sylla. Je ne sais pas ce qu'il s'est souhaité de pire, d'être haï ou d'être craint. « Qu'ils me haïssent ! » S'ouvre alors pour lui un avenir de malédictions, d'attentats, d'anéantissement. Qu'y a-t-il ajouté ? (Puissent les dieux faire son malheur, tant le remède qu'il a trouvé à la haine est digne d'elle !) : « Qu'ils me haïssent, pourvu... » Quoi ? Qu'ils m'obéissent ? Non. Qu'ils m'approuvent ? Non. Alors quoi ? « ... qu'ils me craignent. » A ce prix-là, je ne voudrais pas être aimé ! Tu crois que cette phrase a pu naître d'une grande âme ? Tu te trompes. Elle n'est pas grandiose, elle est monstrueuse. Ne crois pas aux grands mots des gens en colère, car ils font un vacarme énorme et menaçant mais, au-dedans, l'esprit est extrêmement lâche ! Et ne vois rien de vrai non plus dans l'expression qu'emploie l'excellent Tite-Live : « Cet homme, d'un naturel plus grand que bon... » On ne peut séparer les deux choses. Ou il est bon, ou il n'est pas grand, car la grandeur, je la vois inébranlable, dotée d'un intérieur solide, d'une base égale et ferme au plus profond – ce qui est impossible dans un naturel mauvais. Celui que l'on dit plus grand que bon pourra être terrible, tumultueux, cataclysmique, mais la grandeur, qui s'appuie fermement sur la bonté et en tire sa force, il ne l'aura pas. Alors il la simulera, avec ses mots, ses entreprises et tout son faste extérieur. Il lancera une phrase que tu admireras, comme celle de Caligula furieux contre le ciel parce que le tonnerre couvrait de son fracas les pantomimes qu'il était en train de regarder (et qu'il imitait mieux encore !) et parce que les éclairs (présages incertains) terrifiaient ses compagnons d'orgie ; il défia Jupiter en combat singulier – sans merci, s'il vous plaît –, déclamant l'illustre vers d'Homère :

Ou tu me soulèves, ou c'est moi !

Insondable démence ! Il croyait que Jupiter lui-même ne pourrait pas lui nuire, ou que lui pouvait nuire à Jupiter ! Je suis sûr que ce mot n'a pas peu fait pour réveiller les cœurs des conjurés : leur patience fut poussée à son comble d'avoir à supporter un homme qui ne pouvait supporter Jupiter.

Donc, il n'y a dans la colère – même quand, véhémente, elle foudroie du regard les hommes et les dieux – rien de grand, rien de noble. Ou, si l'on pense qu'elle peut régir un esprit grand, pourquoi pas la mégalomanie, alors ? Elle veut de l'ivoire pour s'asseoir, de la pourpre pour s'habiller, un toit en or pour s'abriter, elle transfère les terres, elle enferme les mers, elle fait chuter les fleuves, elle suspend les forêts ! Pourquoi pas la rapacité ? Elle couche sur un tas d'or et d'argent, elle cultive des champs qui ont nom de province et, sous chacun de ses régisseurs, elle a de plus immenses territoires que ceux que les consuls se tiraient au sort ! Pourquoi pas le désir ? Il traverse les détroits à la nage, fait châtrer des troupeaux de garçons, vient, méprisant la mort, sous l'épée du mari ! Pourquoi pas l'ambition ? Les honneurs annuels ne sauraient lui suffire. Si c'est faisable, elle veut monopoliser tous les fastes pour un seul nom et, sur la terre entière, le faire graver partout !

Toutes ces passions-là – l'éclat de leurs triomphes, l'ampleur de leurs effets n'y sauraient rien changer – sont étriquées, pitoyables et basses. Seule la conscience est haute, la conscience est sublime, et il n'est rien de grand qui ne soit pacifique.

LIVRE II

Dans le livre premier, Novatus, nous avons eu la partie belle : c'est facile de dévaler la pente des vices. Il nous faut maintenant faire plus maigre chère : nous demander si la colère commence par un jugement ou par une pulsion. La déclenchons-nous de notre propre chef ou vient-elle toute seule, comme tout ce qui naît en nous à notre insu ? Notre analyse doit obligatoirement descendre dans ces profondeurs de l'instinct pour pouvoir s'élever jusqu'aux sphères plus hautes de l'acte volontaire : dans notre corps aussi ce sont les os, les nerfs, les articulations qui soutiennent l'ensemble et lui donnent la vie – et ils ne paient pas de mine ; ensuite seulement vient ce qui fait le charme d'un visage, la beauté d'une forme ; et, après tout cela, ce qui retient le plus le regard : le teint et ses nuances, touche ultime au corps déjà complet.

Que la colère soit mise en mouvement par la perception d'une offense, c'est hors de doute. Mais la suit-elle instantanément, se donne-t-elle libre cours sans laisser intervenir l'esprit ? Ou est-ce avec son accord qu'elle éclate ? C'est toute la question. A mon avis, elle n'ose rien toute seule ; elle a l'aval de l'esprit. Percevoir un affront, désirer s'en venger puis lier les deux choses – qu'on n'aurait pas dû être offensé et qu'on doit en tirer vengeance –, ce n'est pas le genre de pulsion qui surgit indépendamment de notre volonté. Elle est simple, alors que l'acte dont nous parlons est complexe : on a compris, on s'est indigné, on a condamné, on se venge. Impossible sans que l'esprit acquiesce.

– Où veux-tu en venir ?

– A savoir ce que c'est, la colère. Si elle nous vient malgré nous, jamais la raison ne la pourra vaincre. Nos réflexes involontaires sont irrépressibles et inévitables – on frissonne quand on est aspergé d'eau froide, on retire sa main à certains contacts. Si l'on apprend le pire, les cheveux se hérissent, les propos impudents font rougir et on a le vertige en regardant un gouffre. Comme rien de tout ça ne dépend de nous, aucun argument ne le fera disparaître. Or, la colère, on la chasse en lui faisant la leçon. C'est donc un vice volontaire de l'esprit, non l'un de ces réflexes inhérents à la nature humaine et que l'on retrouve aussi chez les plus sages. Ce qui est réflexe, c'est le premier choc mental qui nous frappe juste après l'idée qu'on nous a offensés. Et ce réflexe, nous l'avons même quand c'est pour rire – au théâtre par exemple –, ou en lisant de l'histoire ancienne. Combien de fois ne nous mettons-nous en colère contre Clodius parce qu'il a expulsé Cicéron ou contre Antoine qui l'a tué ? Qui ne s'emporte intérieurement contre les violences de Marius et les proscriptions de Sylla ? Qui ne s'indigne contre Théodote et Achillas, et contre l'enfant lui-même qui a osé ce crime d'homme ? Un chant, un rythme bien marqué, et nous voilà pleins d'entrain, comme quand sonnent les trompettes de Mars. Même en peinture, les atrocités nous bouleversent, ainsi que l'horrible spectacle des exécutions les plus méritées. Voilà pourquoi nous sourions à qui nous sourit, pourquoi nous sommes tout tristes quand passe un enterrement, pourquoi notre sang bout quand d'autres se battent – et ce n'est pas de la colère, pas plus que n'est horreur ce qui fige nos traits quand nous voyons mimer un naufrage, pas plus que n'est effroi ce qui nous fait frémir en lisant qu'après Cannes Hannibal est aux portes. Ce sont des émotions que l'esprit n'a pas voulues ; ce ne sont pas les passions, seulement les réflexes élémentaires qui les précèdent. Ainsi, en pleine paix, une sonnerie militaire fait sursauter le vétéran dans sa toge, et le cliquetis des armes se cabrer les chevaux de guerre. Au chant de Xénophante, Alexandre, dit-on, mit la main à l'épée.

Aucune de ces pulsions inopinées ne doit être appelée passion. Je dirai que l'esprit les subit plus qu'il ne les crée. Avoir une passion, ce n'est pas être ému par une perception, mais s'y abandonner et prolonger l'émotion fortuite. Car si l'on s'imagine que la pâleur et les larmes du suppliant, l'excitation du sexe, le soupir profond, l'éclair soudain dans le regard et autres manifestations de ce genre sont l'effet des passions et reflètent l'esprit, on se trompe : on ne comprend pas que ces pulsions viennent *du corps*. Voilà pourquoi l'homme le plus vaillant blémit souvent en revêtant ses armes, le soldat le plus agressif tremble un peu des genoux quand sonne la charge, le cœur du général en chef bat plus vite avant le premier choc des lignes de bataille, et le plus talentueux des orateurs sent ses doigts se crisper au moment de parler. La colère ne doit pas seulement s'éveiller mais courir au-dehors. C'est une attaque. Or il n'y a pas d'attaque sans accord de l'intelligence. Et on voit mal notre intelligence mettre au point vengeance et punitions sans que notre esprit ne se doute de rien. Suppose que quelqu'un se juge outragé, veut réagir et y renonce immédiatement pour une raison quelconque : on ne peut appeler colère une pulsion qui obéit à la raison. La vraie colère envahit la raison, la kidnappe. Le trouble initial que la perception d'une offense suscite dans l'esprit n'est pas plus de la colère que cette perception elle-même. L'attaque ultérieure, qui n'a pas seulement pris acte de la perception mais y a adhéré, la voilà la colère : la mobilisation d'un esprit pour une vengeance, avec toute sa volonté et toute son intelligence. Nul n'a jamais douté que la peur fait fuir et la colère attaquer. A toi de voir si tu penses possible d'agresser quelqu'un (ou de t'en protéger) si ton esprit n'est pas d'accord.

Veux-tu savoir comment les passions naissent, grandissent et se manifestent ? Il y a un premier mouvement involontaire, comme pour préparer le terrain, pour faire peser la menace ; puis un deuxième, volontaire mais pas rebelle, qui pose par exemple la question : « Faut-il que je me venge puisqu'on m'a fait du mal ? », ou : « Faut-il que cet homme soit puni puisqu'il a commis ce crime ? » Le troisième mouvement nous échappe déjà : qu'il le faille ou non, il veut se venger à toute force – il a éliminé la raison. Le premier choc mental, nous ne pouvons le repousser par la raison, de même que les réflexes cités plus haut : impossible de ne pas bâiller devant qui bâille, ou de ne pas fermer les yeux quand on pointe brusquement un doigt vers eux. La raison n'y peut rien. l'habitude peut-être, l'observation répétée atténuent ces réactions. Mais le deuxième mouvement, créé par le jugement, le jugement le supprime.

Autre question : ceux qui massacrent en grand, par exemple Apollodore ou Phalaris, et qui jouissent de voir couler le sang, sont-ils en colère quand ils tuent des gens dont ils savent parfaitement qu'ils ne leur ont rien fait ? Eh bien non. Ce n'est pas la colère, c'est la bestialité. Et la bestialité ne fait pas souffrir parce qu'elle a pris des coups, elle est prête à prendre des coups pour faire souffrir. Et quand elle cogne, quand elle torture, ce n'est pas sa vengeance qu'elle cherche, c'est son plaisir.

– Mais pourquoi ?

– L'origine de ce fléau, c'est que la colère, trop souvent déchaînée, trop souvent assouvie, a fini par leur faire oublier la clémence, leur a ôté le sens de la solidarité humaine, et s'est alors muée en cruauté. Voilà pourquoi ils rient, sont heureux, se régalent d'immenses plaisirs, et n'ont pas du tout l'apparence extérieure de l'homme en colère, ces fêtards de la barbarie ! Hannibal, dit-on, voyant un jour un fossé rempli de sang humain, s'exclama : « Que c'est beau ! » Sans doute eût-il trouvé encore plus beau un fleuve, un lac plein à ras bord ! Quoi d'étonnant si tu prends ça pour la merveille des merveilles, homme né pour le sang, voué dès ton plus jeune âge aux boucheries ? Un destin favorable à ta cruauté t'accompagnera vingt ans, te mettant partout sous les yeux ce charmant spectacle : tu le verras à Trasimène, et puis à Cannes... et enfin sous les murs de ta ville, à Carthage ! Plus près de nous, sous Auguste le Divin, un proconsul d'Asie, Volesus, ordonna de décapiter à la hache trois cents personnes le même jour. Puis il s'avança au milieu des cadavres, l'air rayonnant, comme s'il était l'auteur d'une œuvre magnifique qu'il fallût admirer, et s'écria en grec : « Oh, quel acte de roi ! » Qu'eût-il fait sur un trône ? Ce n'était pas de la colère, mais un vice autrement grave – et incurable.

– La vertu inspire les bonnes actions ; il faut bien qu'elle s'emporte contre les mauvaises...

– Et si on soutenait qu'elle doit être à la fois mesquine et grandiose ? C'est bien ce qu'il dit, celui qui veut à la fois la rehausser et la rabaisser – car la joie d'avoir soi-même fait le bien est éclatante et magnifique, tandis que la colère pour les turpitudes des autres est sordide et étriquée. Jamais la vertu ne se compromettra à imiter les vices qu'elle réprime. Or elle doit, entre autres, punir la colère qui n'est en rien meilleure – et souvent même est pire – que les délits contre lesquels elle s'irrite. Vivre dans la joie et le bonheur, c'est la voie naturelle de la vertu. Se mettre en colère n'est pas digne d'elle, pas plus que s'affliger. D'ailleurs, le chagrin est compagnon de la colère : c'est en lui, toujours, qu'elle se résorbe, après un repentir comme après un échec. Et puis, si le sage doit s'emporter contre les mauvaises actions, il s'emportera plus fort contre les pires... et il n'a pas fini de s'emporter ! Donc il ne sera pas simplement en colère, le sage : il sera colérique ! Mais, si nous estimons que ni la grosse rage ni la colère à répétition n'ont leur place dans l'esprit du sage, pourquoi ne pas le libérer totalement de cette passion ? La modérer, c'est impossible, si on veut qu'elle soit proportionnelle aux méfaits de chacun : ou bien le sage sera injuste en s'emportant également contre des actions inégalement mauvaises, ou bien il sera l'irascibilité faite homme s'il s'embrase de l'exacte quantité de colère que chacune a méritée.

Allons, qu'y a-t-il de plus indigne que de faire dépendre la sérénité du sage de la perversité des autres ? Le grand Socrate ne peut plus ramener chez lui le visage qu'il en avait sorti. Soyons clairs : si le sage doit se mettre en colère contre les turpitudes, s'enflammer et se lamenter à cause des crimes, rien n'est plus tumultueux qu'un sage. Il passera toute sa vie dans la rage et la douleur. Car enfin, quand n'y a-t-il rien de répréhensible à voir ? Chaque fois qu'il sort de chez lui, il est entouré de criminels, d'avares, de débauchés et d'individus sans scrupules – heureux grâce à leur vice. Il ne peut regarder nulle part sans trouver de quoi s'indigner. Mais il va en manquer, de colère, s'il doit puiser en lui toute celle que la situation exige ! Regarde ces milliers de gens qui, dès l'aube, se pressent au forum : comme leurs procès sont infâmes, et plus encore leurs avocats ! Celui-ci s'en prend au testament d'un père quand il aurait mieux fait d'en mériter les faveurs ; cet autre porte plainte contre sa mère ; celui-là vient accuser quelqu'un d'un crime dont probablement il est lui-même coupable ; on fait un juge de celui qui a commis le forfait qu'on va juger et la salle, corrompue par le talent de l'avocat, soutient du geste et de la voix la mauvaise cause.

Pourquoi parler de tel ou tel individu ? Quand tu verras le forum noir de monde, le Champ de Mars en période d'affluence, le cirque, enfin, où se montre l'écrasante majorité du peuple, sache qu'il y a là autant de vices que d'hommes. Entre ces gens que tu vois en civil, il n'y a point de paix. L'un veut bien perdre l'autre pour un petit profit. Tout bénéfice est fait au détriment d'un autre. L'homme heureux, ils le haïssent, l'homme malheureux, ils le méprisent. Ils trouvent leur supérieur trop lourd et leur inférieur, ils l'écrasent. Des convoitises contradictoires les poussent. Ils aspirent à un cataclysme universel pour un plaisir fugace ou un peu de butin. Ils conçoivent l'existence comme une école de gladiateurs – on vit et on se bat avec les mêmes. C'est une concentration de fauves, à ceci près que les bêtes sauvages sont paisibles entre elles et s'abstiennent de mordre leurs semblables, tandis qu'eux se repaissent en s'entre-déchirant. Ils ne diffèrent des animaux sans langage que sur un point : en leur donnant à manger, on peut apprivoiser les bêtes, mais la rage des hommes dévore même ceux qui les nourrissent.

Le sage ne cessera plus d'être en colère s'il commence une seule fois ! L'univers est rempli de vices et de crimes. Il s'en commet plus qu'on ne peut en guérir par la contrainte. C'est un concours géant de malfaisance. Chaque jour, le désir de faire le mal augmente et la honte qui le freine diminue. On a jeté aux orties le respect du bien et du juste, les envies se ruent où elles veulent, les forfaits ne se cachent plus. Ils se font sous nos yeux, et la scélératesse est si bien entrée dans nos mœurs, elle a tant prévalu dans tous les cœurs que l'innocence n'est pas seulement rare : elle n'existe plus. Car qui viole la loi ? Des individus isolés ? Une minorité ? Non. De partout, comme en réponse à un signal, on bondit pour brouiller le bien et le mal :

L'hôte n'est plus en sécurité chez son hôte,
Le beau-père chez son gendre ; entre frères aussi
la gratitude est rare.
Le mari va tuer sa femme, elle son mari,
De sinistres belles-mères broient l'aconit livide,
Et le fils avant l'heure demande l'âge du père.

Et que pèse-t-elle, cette fraction des crimes ? Elle ne dit pas les camps dressés l'un contre l'autre dans le même pays ; l'engagement opposé du père et du fils ; le citoyen qui met le feu à sa patrie ; les colonnes de cavaliers à la recherche des refuges des proscrits ; les sources empoisonnées ; l'épidémie que la main de l'homme a provoquée ; les parents assiégés les prisons pleines ; les incendies qui détruisent des villes entières ; les pouvoirs sanguinaires ; les conseils clandestins qui décident la mort des États, des royaumes ; la glorification, de ce qui tant qu'on peut le réprimer est un crime, les rapts, les viols, et même la bouche a sa part de débauche. Ajoute les parjures des nations, les traités rompus ; ce qui n'oppose pas de résistance emmené comme butin par le plus fort ; les tromperies, les vols, les fraudes, les dettes non reconnues, pour lesquels trois forums ne sont pas suffisants. Et tu voudrais que le sage s'emporte autant que le réclame l'ignominie des crimes ? Ce n'est pas en colère qu'il serait, c'est fou furieux !

Dis-toi plutôt : ne nous irritons pas contre les égarements. Car, enfin, pourquoi pas la colère contre l'obscurité parce qu'on ne voit pas où l'on met les pieds ? contre les sourds parce qu'ils n'entendent pas les ordres ? contre les enfants parce qu'au lieu de faire leurs devoirs ils regardent jouer leurs copains ? Contre tous ceux qui sont malades, qui vieillissent, qui se fatiguent ? Parmi toutes les servitudes de la condition humaine, il y a celle-ci : l'esprit dans le brouillard ; pas seulement parce qu'il est impossible de ne pas s'égarer, mais parce qu'on aime ça. Si tu ne veux pas te mettre en rage contre chacun, tu dois pardonner à tous. Et, ton pardon, étends-le à tout le genre humain ! Si tu tonnes contre les jeunes et les vieux parce qu'il font le mal, tonne contre les bébés : ils feront le mal ! Qui s'emporte contre les enfants, dont l'âge ne sait pas différencier les choses ? Or, c'est une excuse plus forte et plus juste d'être un homme que d'être un enfant. Nous sommes nés comme ça, animaux exposés aux maladies d'esprit aussi bien que de corps : certes, chez nous, l'esprit n'est pas émoussé, insensible, il n'est pas lent non plus, mais nous utilisons mal sa pointe, nous nous donnons mutuellement l'exemple des vices. L'homme qui suit ceux qui se sont engagés avant lui dans une direction fausse n'a-t-il pas une excuse, puisque c'est la grand-route qui s'égare ? Le général sévit contre un soldat, mais si toute l'armée déserte, il est obligé de pardonner.

C'est la multitude des coupables qui ôte la colère au sage. Il a compris que s'emporter contre le vice public est aussi injuste qu'imprudent. Chaque fois qu'il sortait et voyait ses concitoyens vivre mal, ou plutôt mal mourir, Héraclite pleurait et se désolait tandis qu'eux étaient gais et contents d'eux-mêmes. Cœur sensible mais trop faible, qui aurait dû lui-même inspirer la pitié ! Démocrite, lui, on le voyait toujours rire quand il était avec les autres. Il ne jugeait sérieuse aucune de leurs « affaires sérieuses ». Y a-t-il place pour la colère là où tout porte à rire ou à pleurer ? Le sage ne peut en vouloir à ceux qui font le mal. Pourquoi ? Parce qu'il sait que personne ne naît sage, mais qu'on le devient. A toutes les époques, très peu de gens y sont finalement parvenus. Et le sage a sondé la condition humaine jusqu'en son fond. Or, aucun homme sensé ne s'emporte contre la nature. Où irait-on si l'on s'indignait qu'aucun buisson des forêts ne porte de fruits ? qu'épineux et ronciers ne soient pas couverts de quelque provende ? Personne ne se met en colère si la nature protège le vice. Voilà pourquoi le sage, calme, égal à lui-même face aux égarements, critique des coupables et non leur ennemi, sort tous les jours en se disant : « Je vais rencontrer beaucoup d'ivrognes, de débauchés, d'ingrats, d'avares, beaucoup de gens tourmentés par les furies de l'ambition. » Et il les verra tous d'un œil aussi bienveillant que le médecin ses malades. Quand un navire dont les couples se sont disjoints fait eau de toute part, que fait le capitaine ? Se met-il en colère contre les marins ? contre le bâtiment lui-même ? Il court plutôt à la rescousse, barre la route à l'eau ici, écope là, colmate les brèches visibles et résiste par un effort continu à celles qui font déferler la sentine on ne sait d'où. Et pas de temps pour souffler, parce qu'une fois l'eau écopée, elle sourd de nouveau par en dessous. Il faut de la ténacité contre les maux ininterrompus et toujours renaissants, et on ne lutte pas pour les vaincre, mais pour qu'ils gagnent pas.

– La colère est utile : elle nous préserve du mépris et terrorise les scélérats.

– D'abord la colère, si l'on prend ses menaces au sérieux, ne terrorise pas seulement, elle inspire la haine. Il est plus dangereux d'être craint que méprisé. Et une colère sans force ne fait qu'exposer davantage au mépris. Elle est forcément la risée de tous. Qu'est-ce qui laisse plus froid qu'une rage tempêtant dans le vide ? Ensuite, ce qui terrorise n'est pas forcément le meilleur. Je n'aimerais pas qu'on ajoute ce précepte à la sagesse : « Que l'arme du fauve soit celle du sage : faites-vous craindre. » Car n'a-t-on pas peur de la fièvre, de la goutte, de l'ulcère ? Et y a-t-il du bon dans ces choses-là ? Bien sûr que non ! Elles sont méprisables, affreuses, honteuses. C'est d'ailleurs pour ça qu'on en a peur. C'est la même chose pour la colère : en soi, elle est infiniment plus laide que redoutable, mais, à beaucoup, elle fait peur comme les masques grimaçants aux bébés. Et si je te disais que la terreur rejaillit toujours sur ses auteurs ? Que quiconque se fait craindre n'est jamais en sécurité ? Souviens-toi du vers célèbre de Labérius, déclamé au théâtre, en pleine guerre civile ; le peuple tout entier le répéta comme si le sentiment public avait parlé par sa voix :

L'homme qui fait peur à tous doit avoir peur de tous.

Ainsi l'a voulu la nature : tout ce qui n'est grand que par l'effroi qu'il inspire ne manquera pas d'en éprouver soi-même. Pris de panique au moindre bruit, les cœurs des lions ! Fous de peur pour une ombre, un cri, une odeur inhabituelle, les fauves terribles ! Tout ce qui terrorise tremble aussi. Il n'y a donc aucune raison qu'un sage désire se faire craindre, ni qu'il voie de la grandeur dans la colère parce qu'elle épouvante, puisque les choses les plus méprisables font la même chose : le poison, les ossements impurs, les morsures. Rien d'étonnant qu'une corde ornée de plumes multicolores puisse tenir en respect les plus grands fauves et les pousser dans le piège – on l'appelle un « épouvantail », du nom de la passion qu'elle inspire. Les choses creuses terrifient les êtres creux : le mouvement du char et de ses roues ramènent le lion dans sa cage ; le grognement du porc terrorise l'éléphant. Même chose pour la colère : on la craint comme les bébés une ombre ou les fauves une plume rouge. Elle n'a ni solidité ni force, ce sont les esprits qu'elle impressionne qui sont légers.

– Il faut retrancher de la nature la malfaisance pour en retrancher la colère. Mais c'est impossible, pour l'une comme pour l'autre.

– D'abord, un homme peut ne pas avoir froid en hiver et ne pas avoir chaud en été. Soit que l'endroit le protège des rigueurs des deux saisons, soit qu'il les ait vaincues par l'endurance physique, il ne sent plus du tout ni l'une ni l'autre. Tournons l'argument autrement : il faut d'abord de l'esprit retrancher la vertu avant d'y admettre la colère, puisque les vices ne cohabitent pas avec les vertus. Puisqu'on ne peut pas plus être en même temps homme de bien et en colère que malade et en bonne santé.

– Mais c'est impossible de retrancher totalement de l'esprit la colère, la nature humaine ne le supporte pas.

– Et pourtant ! Rien n'est si difficile et si pénible que l'intelligence humaine ne puisse en venir à bout et en faire sa pratique courante par un entraînement assidu. Aucune passion n'est si farouche et indomptable qu'on ne puisse la mettre au pas par la discipline. Tout ce que l'esprit s'est ordonné à lui-même, il l'a obtenu. Certains sont parvenus à ne rire jamais ; d'autres se sont interdit le vin ou le sexe. Un autre encore, limitant ses nuits à un petit somme, a considérablement augmenté ses heures de veille et reste infatigable. Des hommes ont appris à courir sur des fils ultra-fins, à marcher sous des charges que les forces humaines ne pourraient qu'à peine supporter sans bouger, à plonger à des profondeurs inouïes et à subir le poids des eaux sans aucun moyen de respirer. Il est mille autres cas où la persévérance a surmonté les obstacles, où elle a prouvé que rien n'est difficile à l'esprit qui s'est imposé de tenir le choc.

Les gens dont je viens de parler n'ont rien gagné à tout ça. Rien qui vaille, en tout cas, leur immense effort (quelle récompense pour l'homme qui s'est entraîné à marcher sur un fil, à supporter d'énormes fardeaux sur sa nuque, à priver ses yeux de sommeil, à pénétrer dans les profondeurs de la mer ?). Mais, de toutes ces entreprises sans grand intérêt, le travail est venu à bout. Et nous ne tiendrions pas également « le choc », alors qu'une récompense immense nous attend : la calme sérénité de l'homme heureux ? Quelle plus grande victoire que d'échapper au pire des fléaux, la colère, et à ses bonnes amies la rage, la sauvagerie, la cruauté et la folie furieuse ?

Cessons de nous chercher des excuses pour n'en

faire qu'à notre tête : « Elle est utile », ou « Elle est inévitable ». Quel vice a jamais manqué d'avocat ? Cessons de dire qu'il n'y a rien à faire : nos maladies sont guérissables, la nature elle-même peut nous aider, nous qui sommes nés pour vivre droits, si nous voulons nous amender. Et, contrairement à ce que certains s'imaginent, le chemin qui mène aux vertus n'est ni ardu ni escarpé. C'est un chemin de plaine. Oui, vous pouvez me croire. Elle est facile, la route de la vie heureuse. Prenez-la seulement : les auspices y sont favorables et les dieux eux-mêmes vous souhaitent bon voyage. C'est bien plus difficile de faire les tristes choses que vous faites. Qu'y a-t-il de plus libre qu'un esprit calme et de plus débordé que la colère ? Qu'y a-t-il de plus détendu que la clémence et de plus affairé que la cruauté ? La chasteté est vacances, la débauche s'épuise au travail. Bref, toutes les vertus sont faciles à conserver, mais les vices, il en coûte de les nourrir ! On doit absolument supprimer la colère. Même ceux qui ne conseillent que de l'atténuer le reconnaissent jusqu'à un certain point. Chassons-la tout entière, elle ne nous sert à rien. Sans elle, faire face aux crimes, punir les méchants et les rendre meilleurs sera plus simple et la justice y gagnera. Tout ce que le sage doit faire, il le fera hors de ces moyens peu recommandables ; il n'y mêlera rien dont la dose est trop subtile à surveiller.

S'il ne faut pas s'ouvrir à la colère, il est parfois bon de la simuler. Comme, par exemple, lorsqu'on veut secouer les esprits engourdis qui nous écoutent, comme nous ranimons, en les éperonnant et en leur plaçant des torches sous le ventre, les chevaux qui tardent à prendre le galop. Ceux qui restent sourds à la raison, il faut parfois leur faire peur : mais la colère elle-même n'est pas plus utile que le chagrin et la frayeur.

– Mais enfin, n'avons-nous pas quelquefois des raisons d'être poussés à bout ?

– Oui, mais c'est justement dans ces moments-là qu'il faut barrer la route à la colère, et des deux mains. Il n'est pas plus difficile à l'esprit de gagner, qu'à ces lutteurs qui se contentent de protéger leurs parties : ils acceptent les coups et la douleur pour épuiser les forces de l'adversaire. Ils ne frappent pas quand la colère les pique, mais quand l'occasion est bonne. On dit que Pyrrhus, le plus grand professeur de lutte, apprenait toujours à ses élèves à dominer leur colère, car la colère perturbe la technique et ne cherche que le moyen de faire mal. Voilà pourquoi la raison nous conseille souvent de laisser passer quand la colère veut qu'on se venge – alors, nous qui aurions pu nous en tirer sans grand mal avec la raison, nous tombons, avec la colère, dans une situation bien pire. Certains ne peuvent supporter sans s'émouvoir un mot d'insulte, un seul, et ils se retrouvent en exil ; d'autres ne veulent pas subir en silence un affront minime, et les pires désastres les écrasent ; d'autres refusent avec indignation de réduire si peu que ce soit leur liberté sans limite, et ils s'imposent le joug de l'esclavage.

– Tiens, une preuve que la colère a quelque chose de noble : les peuples les plus libres, tu le remarqueras, sont les plus colériques, comme les Germains et les Scythes.

– C'est que les caractères naturellement vaillants et vigoureux sont prompts à la colère, avant que la discipline ne les adoucisse. Certaines tendances, en effet, sont innées, et n'existent que dans les meilleures natures, comme ces arbres robustes, épanouis, que produit une terre à l'abandon. (Et combien est haute la forêt sur un sol fécond !) De même les fortes natures, aux caractères enflammés et bouillants, portent en elles l'irascibilité et n'acceptent rien de ténu et de chétif. Mais leur vigueur reste inachevée, comme tout ce qui pousse par le seul bienfait de la nature, sans le secours de l'art. Si on ne le maîtrise pas, ce qui était aptitude au courage devient vite brutalité et témérité. Quoi d'étonnant ? Des vices plus pacifiques sont liés de la même façon à des esprits plus doux ; la pitié, par exemple, et l'amour, et la honte. Je te montrerai souvent aussi les mauvais côtés d'un bon naturel qui, s'ils sont les indices d'une très bonne étoffe, n'en sont pas moins des vices. D'ailleurs, toutes ces nations libres, mais libres à la manière des lions et des loups – par leur sauvagerie –, sont incapables de servir, donc elles ne peuvent pas non plus commander. Leur force n'est pas celle du génie humain, mais simplement la force des fauves, farouches et indomptables ; or nul ne peut diriger s'il ne sait obéir. C'est pourquoi, d'ordinaire, les empires appartiennent aux peuples qui jouissent d'un climat tempéré. Chez ceux qui vivent dans les régions froides du Nord, les caractères sont incléments et, comme dit le poète,

très semblables à leur ciel.

– Et les animaux ? Ne juge-t-on pas ceux qui ont beaucoup de colère les plus nobles ?

– Celui qui donne en exemple à l'homme les bêtes auxquelles l'instinct sert de raison se trompe complètement. Chez l'homme, c'est la raison qui sert d'instinct. Les bêtes, d'ailleurs, n'ont pas toutes la même arme : la colère aide le lion, mais le cerf, c'est la crainte ; l'attaque sert le faucon, la fuite la colombe. Et si je te disais que cette opinion selon laquelle les meilleurs des animaux seraient les plus irascibles n'est pas fondée ? Les prédateurs, oui ; ils sont d'autant plus efficaces qu'ils sont sujets à la colère ; mais je peux aussi louer la patience des bœufs et des chevaux qui se laissent mener. Et pourquoi rappeler à l'homme de si tristes modèles, quand il y a l'ordre de l'univers et Dieu qu'il est de tous les animaux seul à comprendre, afin d'être seul à les imiter ?

– On dit bien que, de tous les hommes, les colériques sont les plus francs.

– En fait, on les compare aux fourbes et aux retors ; ils n'ont l'air franc que parce qu'ils s'exposent. Moi, je ne les dirai pas francs, mais imprudents. C'est l'épithète qui convient aux imbéciles, à ceux qui s'abrutissent dans la débauche, aux fils à papa trop dépensiers, bref à tous les vices un peu bêtes.

– Et l'orateur ? Sa colère ne le rend-elle pas meilleur ?

– S'il la simule, oui. Et les acteurs aussi touchent le public en feignant la colère. C'est pour ça que, devant un tribunal, une assemblée politique, partout où il faut amener les autres à notre avis, pour leur inspirer la colère, ou la peur, ou la pitié, nous la simulons nous-mêmes. Souvent, ce que la vraie passion ne peut faire, son imitation le réussit.

– Mais il est mou, l'esprit sans colère.

– S'il n'a rien pour pallier la colère, c'est vrai. Il ne faut être ni voleur ni volé, ni cruel ni larmoyant. L'un a l'esprit trop mou, l'autre trop dur. Que le sage garde la mesure et, s'il doit accomplir un acte d'énergie, qu'il y mette de la force, et non de la colère.

Puisque nous avons répondu à toutes les questions sur la nature de la colère, passons aux remèdes qu'on lui peut appliquer. A mon avis, il y en a deux : l'un pour éviter de se mettre en colère, l'autre pour ne pas faire le mal quand on est en colère. La médecine du corps a des traitements pour conserver la santé et d'autres pour la rétablir ; même chose pour la colère : il y a une méthode pour l'exclure et une autre pour la contenir. Pour l'éviter, certaines prescriptions sont à l'échelle de la vie : elles s'appliquent à deux périodes, l'éducation, puis le reste de l'âge.

L'éducation exige le plus grand soin, et c'est le moment le plus efficace : il est aussi facile de modeler des esprits encore tendres que difficile d'abattre des vices grandis avec nous.

Le terrain le plus favorable à la colère, c'est l'esprit de nature bouillante. Il faut savoir que, comme il existe quatre éléments – le feu, l'eau, l'air et la terre –, quatre forces leur correspondent – le chaud, le froid, le sec et l'humide. Et la diversité des lieux, des animaux, des corps et des esprits vient du mélange de ces éléments. Les natures penchent vers celui qui a été le plus abondant en elles. Voilà pourquoi nous qualifions les régions d'humides, de sèches, de chaudes et de froides. Les mêmes discriminations jouent chez les animaux et les hommes : tout dépend de la dose d'humide et de chaud que chacun porte en soi. Selon l'élément dont la part prévaudra chez lui, il aura tel ou tel caractère. Si c'est le chaud, on aura des irascibles. Car le feu est toujours en action, toujours obstiné. Un mélange à dominante froide fait des timides. C'est engourdi et contracté, le froid. Certains d'entre nous voient la colère naître dans la poitrine, par le bouillonnement du sang autour du cœur. Quelle raison ont-ils de lui assigner cette place ? Une seule : la zone la plus chaude du corps, c'est la poitrine. Chez ceux en qui l'humide l'emporte, la colère monte progressivement : leur chaleur n'est pas toute prête ; ils l'acquièrent par le mouvement. C'est pourquoi les colères des enfants et des femmes sont plus violentes que profondes, et commencent moins fort. Quant aux natures sèches, la colère y est véhémente, vigoureuse, mais elle n'augmente pas, elle n'a pas grand-chose à gagner, car le froid suit bien vite une chaleur sur le déclin. Les vieillards sont acariâtres et bougons, comme les malades, comme les convalescents, comme les gens dont la chaleur a été épuisée par la fatigue, ou par une saignée. Même chose pour ceux que la soif et la faim mettent en rage, pour ceux dont le corps est exsangue, se nourrit peu et s'affaiblit. Le vin embrase les colères parce qu'il augmente la chaleur. Suivant la nature de chacun, certains s'enflamment quand ils sont ivres, d'autres quand ils sont blessés. Enfin, si les plus colériques ont le teint rubicond, la raison en est simple : leur couleur naturelle est celle que la colère ne donne aux autres que temporairement, car chez eux le sang est mobile et agité.

Mais, si la nature prédispose certains caractères à la colère, beaucoup d'événements de la vie ont le même effet. Pour certains c'est une maladie, une blessure physique. Pour d'autres le travail, les veilles continuelles et les nuits sans repos, les désirs et les amours. Tout ce qui peut nuire à l'équilibre physique ou mental pousse l'esprit malade à chercher noise. Mais tous ces facteurs-là sont des causes initiales. Le plus puissant de tous, c'est l'habitude qui, quand elle pèse lourd, nourrit le vice. C'est vraiment difficile de changer sa nature et, une fois que les éléments ont été mêlés à la naissance, on ne peut plus modifier les doses. Mais en avoir conscience, voilà qui est utile : les esprits chauds, on leur enlèvera le vin – que Platon conseillait de refuser aux enfants –, on ne laissera pas le feu nourrir le feu. Il ne faut pas non plus qu'ils mangent trop : les aliments distendent le corps, et l'esprit se gonfle avec lui. Que le travail leur donne de l'exercice, mais sachons l'arrêter avant la fatigue : il ne faut pas anéantir complètement la chaleur, seulement la réduire en écumant le trop-plein qui bouillonne. Le jeu est bon aussi. Un plaisir mesuré détend l'esprit, le tempère. Chez les gens plutôt humides, plutôt secs ou plutôt froids, si le danger n'est pas la colère, des vices plus graves sont à redouter : ils seront craintifs, moroses, désespérés, soupçonneux. Ces natures-là, il faut les ramollir, les réchauffer, les rappeler à la joie de vivre. Et, comme il faut appliquer certains remèdes à la colère et d'autres à l'abattement, que les deux vices réclament des traitements non seulement différents mais opposés, attaquons toujours celui des deux qui a pris le plus d'importance.

Donc, ce qui est le plus profitable aux enfants, c'est

de les habituer d'emblée à la santé. Or l'exercice est difficile. Il faut orienter les efforts de façon à ne pas nourrir en eux la colère, mais sans émousser leur force de caractère. La tâche exige une observation minutieuse, car les deux dispositions, celle qu'il convient de développer et celle qu'il faut réprimer, ont les mêmes aliments, et ce qui est semblable abuse facilement, même l'homme attentif. L'indépendance grandit l'âme, la servitude la resserre ; elle s'exalte si on la couvre d'éloges et si on lui insuffle la confiance en soi, mais, par les mêmes moyens, on engendre l'insolence et l'irascibilité. Il faut donc la diriger entre les deux risques, en se servant tantôt des rênes, tantôt des éperons. Aucune humiliation, aucune servilité : qu'il ne soit jamais nécessaire à un enfant de supplier, ni utile qu'il ait supplié. Pardonnons-lui plutôt devant les raisons qu'il donne, pour sa conduite passée et pour les bonnes résolutions qu'il prend. Quand il lutte avec un égal, ne souffrons pas qu'il se laisse vaincre ni qu'il s'énerve. Faisons en sorte qu'il ait des relations quotidiennes d'amitié avec ses adversaires à la lutte, afin qu'il prenne l'habitude, quand il se bat, de chercher non à faire mal, mais à gagner. Chaque fois qu'il l'a emporté ou qu'il a obtenu un succès remarquable, souffrons qu'il en soit fier, non qu'il exprime bruyamment sa joie. L'exultation suit la joie, la morgue et la surestimation de soi suivent l'exultation. Laissons-lui quelques loisirs, mais ne lui permettons pas de s'étioler dans la fainéantise et l'oisiveté. Tenons-le éloigné des plaisirs, car rien ne crée plus d'irascibles personnages qu'une éducation laxiste et permissive. (C'est parce qu'on est plus indulgent avec les enfants uniques et qu'on laisse plus de liberté aux orphelins que leur esprit est plus corrompu.) Celui à qui on n'a jamais rien refusé, dont la mère a toujours séché les larmes en le plaignant beaucoup, à qui on a donné raison contre son précepteur ne pourra se retenir face à une offense.

Plus haute est la condition, plus grande est la colère, invariablement. C'est surtout chez les riches, les nobles, les magistrats qu'on observe le phénomène, quand la brise favorable a soulevé tout ce qui dans leur esprit était léger. Le bonheur nourrit la colère, quand une foule d'adulateurs entoure des oreilles vaniteuses : « Cet homme a osé te répondre, à toi ? Tu ne te rends pas compte de ton rang. Tu t'abaisses toi-même. » Et autres propos de ce genre auxquels même des esprits sains, et qui ont eu dès l'enfance des bases solides, auront le plus grand mal à résister. Éloignons donc la jeunesse de la flatterie : qu'elle entende le vrai. Qu'elle craigne parfois, que toujours elle respecte et se lève devant les anciens. Qu'elle n'obtienne rien par la colère : ce qu'on refusera à ses larmes de rage, on le lui offrira quand elle sera rassérénée. Qu'elle ait les biens de ses parents sous les yeux, non à sa disposition. Que sa mauvaise conduite lui soit sans cesse reprochée. Il conviendra aussi de donner aux enfants des précepteurs et des pédagogues flegmatiques. Ce qui est tendre s'appuie sur son environnement et grandit à son image. Le comportement de la nourrice et du pédagogue se retrouvera bientôt chez l'adolescent. Après avoir été rendu à ses parents, un jeune garçon élevé chez Platon aperçut son père en train de vociférer : « Jamais, dit-il, je n'ai vu cela chez Platon. » J'ai peur que très vite il imite son père et non Platon. Surtout, que la nourriture soit frugale, le vêtement sans recherche, le mode de vie semblable à celui des camarades. Il ne s'offusquera jamais d'être comparé à quelqu'un, celui que dès le départ tu as mis sur le même plan que beaucoup d'autres.

Tout cela concerne nos enfants. Chez nous, adultes, le coup de dé de la naissance et l'éducation sont installés : plus question ni de vices nouveaux, ni de préceptes. Il faut vivre en ordonnant la suite, donc c'est aux causes immédiates qu'il nous faut nous attaquer. Celle de la colère, c'est le jugement que nous sommes offensés : n'y croyons pas trop facilement. Même si l'outrage est ouvert, manifeste, ne fonçons pas sur-le-champ. Certaines idées fausses ont la couleur du vrai. Il faut toujours prendre son temps : le temps montre la vérité. Ne tendons pas non plus une oreille complaisante aux accusateurs : repérons bien ce vice de la nature humaine qui veut que nous croyions volontiers ce que nous n'avons pas demandé à entendre, et que nous nous mettions en colère avant d'avoir jugé. Et que dire lorsque ce ne sont pas des accusations qui nous poussent mais de simples soupçons, et qu'en interprétant mal un regard ou un sourire, c'est contre des innocents que nous nous emportons ? Il faut donc plaider contre soi-même la cause des absents, tenir sa colère en suspens, car, s'il est possible d'infliger la peine qu'on a différée, il est impossible d'effacer celle qu'on a déjà infligée.

On connaît l'histoire de ce tyrannicide pris sans avoir pu achever son geste et torturé par Hippias afin qu'il dénonce ses complices. Il nomma les amis du tyran qu'il savait particulièrement soucieux de sa sécurité. Chaque fois qu'il en désignait un, Hippias ordonnait de le mettre à mort. Quand celui-ci lui demanda s'il restait encore quelqu'un : « Toi, dit l'homme, et toi seul. Je n'ai épargné personne d'autre qui t'aimait. » La colère fit cela : le tyran prêta sa main au tyrannicide et massacra sa garde de sa propre épée. Quel plus noble comportement chez Alexandre ! Il avait reçu une lettre de sa mère où elle le mettait en garde contre le poison de son médecin Philippe ; quand celui-ci lui porta la potion, il la but sans aucune crainte, préférant ne se fier qu'à lui-même pour juger son ami. Qu'il se montra digne d'avoir un ami innocent, ou de le rendre innocent ! J'admire d'autant plus cet acte chez Alexandre que personne jamais n'a été si prompt à la colère. Plus la modération est rare chez un roi, plus il la faut louer. Le grand Jules César a agi de même, en montrant sa très clémente nature lors de la victoire dans la guerre civile. Ayant saisi un coffret plein de lettres adressées à Pompée par des gens officiellement dans l'autre camp ou neutres, il les jeta au feu. Bien qu'il eût coutume de mesurer sa colère, il préféra malgré tout s'empêcher d'y tomber. Il comprit que le pardon dont on lui saurait meilleur gré, c'était de ne rien vouloir savoir du mal qu'on lui avait fait.

Les drames les plus grands viennent de la crédulité. Souvent il vaut mieux ne rien écouter, puisqu'en certains domaines perdre confiance est pire encore qu'être trompé. Il faut chasser de son esprit ces très insidieuses démangeaisons que sont le soupçon et la conjecture : « Il m'a salué bien cavalièrement. Il m'a embrassé bien froidement. Il a bien vite interrompu la conversation. Il ne m'a pas invité à son dîner. Son regard était bien dur, il me semble. » Côté arguments, le soupçon n'est jamais à court : c'est la simplicité qui lui manque, et l'appréciation bienveillante des choses. Ne croyons rien, sauf ce que nous voyons de nos yeux, ce qui est manifeste et, chaque fois que nos soupçons se révéleront sans fondement, réprimandons-nous pour notre crédulité : cette macération nous donnera l'habitude de ne pas croire trop facilement.

Autre leçon à tirer : ne nous excitons pas pour les futilités les plus insignifiantes. Le petit esclave pas trop adroit, l'eau pas assez fraîche, le lit de table mal fait, le couvert mis sans soin. S'enflammer pour ça ? C'est dément. Il est malade, il n'a pas de santé, celui que la moindre brise fait frissonner ; il a les yeux souffrants, celui qu'un vêtement blanc éblouit ; il est pourri par la débauche, celui qui a mal aux côtes en voyant travailler quelqu'un d'autre. Il paraît que dans la ville de Sybaris vécut un certain Myndiridés qui, voyant un jour un homme creuser un trou et lever haut sa pioche, se plaignit que ce geste le fatiguait et lui interdit de faire son travail en sa présence : en général, il se plaignait plutôt d'être incommodé par les feuilles de rose pliées sur lesquelles il dormait. Là où les plaisirs ont corrompu à la fois l'esprit et le corps, rien ne semble plus supportable – non parce que c'est dur, mais parce qu'on est mou. Car, pour quelle raison la quinte de toux, l'éternuement, la mouche qu'on ne parvient pas à chasser nous mettraient-ils en rage, ou encore le chien qui surgit devant nous, la clef tombée des mains de l'esclave négligent ? Celui dont les oreilles s'offensent du râclement d'un tabouret pourra-t-il tolérer sans broncher les invectives de la vie politique, les injures qu'on se lance à l'assemblée du peuple et au sénat ? Celui qui tonne contre un petit esclave qui a mal délayé la neige d'un sorbet, supportera-t-il la faim et la soif des campagnes d'été ? Rien n'alimente mieux l'irascibilité qu'une vie dans le luxe, qui ne se refuse rien et ne supporte plus rien. L'esprit, il faut le traiter à la dure pour qu'il ne sente le coup que s'il est grave.

Nous nous mettons en colère contre ce qui n'a sûrement pas pu nous blesser, ou contre ce qui a pu réellement le faire. Dans le premier cas, on range les objets inanimés (un livre, par exemple, que nous jetons à terre parce qu'il est écrit trop petit, ou que nous déchirons parce qu'il est plein de fautes ; ou encore un vêtement que nous mettons en pièces parce qu'il ne nous plaît pas). La colère contre ces choses-là ! Quelle stupidité ! Comment peuvent-elles la mériter ? Elles ne peuvent même pas la sentir !

– Mais c'est aux fabricants que nous en voulons, si je ne me trompe...

– Nous nous emportons souvent avant de faire la distinction. Et puis, les artisans eux-mêmes ont peut-être des excuses valables. L'un n'a pu faire mieux : ce n'est pas pour t'ennuyer qu'il a mal appris son métier. L'autre n'a pas agi dans l'intention expresse de t'offenser. Finalement, quoi de plus fou que de détourner sur des choses la rage que nous accumulons contre des hommes ? Mais, si c'est une folie de se mettre en colère contre les objets sans âme, il en va de même pour les animaux sans langage, dont nous ne pouvons pas recevoir d'offense puisqu'ils ne peuvent avoir l'intention de nous outrager. Un acte qui n'a pas été fait à dessein ne peut être une offense et, s'ils peuvent nous faire du mal, comme le fer et la pierre, ils ne peuvent nous offenser. Pourtant, certains s'estiment méprisés quand un cheval qui obéit à un cavalier est rétif avec un autre, comme si c'était son jugement et non l'habitude et l'art équestre qui le rendaient plus soumis. Mais s'il est stupide de s'emporter contre les bêtes, c'est pareil pour les enfants, et ceux qui n'ont guère plus de tête qu'eux. Un juge équitable absoudra leurs fautes, le manque de cervelle tenant lieu d'innocence.

Il est des êtres qui ne peuvent nous faire de mal, qui n'ont d'autre puissance que bénéfique et salutaire : les dieux immortels par exemple, qui ne veulent ni ne peuvent nous être contraires. Ils sont naturellement doux et pacifiques, aussi éloignés de blesser les autres que de s'offenser eux-mêmes. Seuls les fous et les ignorants voient leur main dans le déchaînement de la mer, dans les pluies torrentielles, dans les hivers trop longs, alors qu'en fait rien de ce qui nous nuit ou de ce qui nous sert n'est dirigé vers nous. Car ce n'est pas pour nous que l'ordre universel ramène l'hiver et l'été. Tout cela a ses lois où le divin s'exerce. Nous nous plaçons trop haut si nous nous croyons dignes d'être la cause de mouvements si gigantesques. Aucun de ces phénomènes ne se produit pour nous blesser ; bien au contraire, ils ont tous un but salutaire.

Il y a, nous l'avons dit, ce qui ne peut nous nuire et ce qui ne cherche pas à le faire. Comptons dans cette catégorie les bons magistrats, pères, précepteurs et juges, dont il faut accepter les punitions comme le scalpel, la diète, et tout ce qui nous point pour notre bien. Nous sommes meurtris par cette peine ? Ne pensons pas seulement à ce que nous subissons mais aussi à ce que nous avons fait. Mettons notre vie en jugement. Si nous voulons bien nous avouer à nous-mêmes la vérité, nous fixerons l'amende plus haut.

Pour être en toute affaire un juge équitable, commençons par nous persuader de ce qu'aucun de nous n'est innocent. Car c'est de là que viennent les pires indignations : « C'est pas moi », « J'ai rien fait ». Dis plutôt que tu n'avoues rien ! Quand un reproche ou une punition nous mettent hors de nous, c'est à la minute même que nous nous comportons mal puisque nous ajoutons à nos méfaits l'arrogance et la révolte. Qui pourrait se proclamer innocent face à toutes les lois ? Et ce n'est pas une innocence bien grande que d'être juridiquement bon. Nos devoirs nous imposent des obligations bien plus larges ! Que de choses nous réclament la piété, l'humanité, la générosité, la justice, la bonne foi, qui sont toutes hors des codes ! Or, nous ne pouvons même pas satisfaire à cette définition on ne peut plus étriquée de l'innocence. Nous avons fait des choses, nous en avons pensées, nous en avons souhaitées, nous en avons favorisées. Dans certaines affaires, nous ne sommes innocents que parce que ça n'a pas marché. Pensons à tout cela : nous nous emporterons moins contre un coupable et nous supporterons mieux un blâme ! En tout cas, ne nous mettons pas en colère contre les gens de bien (car qui épargnerait-on ?) et surtout pas contre les dieux : la loi qui nous impose de subir nos maux n'est pas la leur. C'est celle de l'humaine condition.

– Mais nous sommes accablés de maladies, de douleurs.

– Il faut bien un moyen de décamper du domicile

vermoulu où le hasard nous a mis. On va t'apprendre qu'un tel a dit du mal de toi. Réfléchis. N'est-ce pas toi qui as commencé ? De combien d'autres as-tu médit ? Oui, réfléchissons. Ceux-ci, ils ne nous ont pas donné une gifle, ils nous l'ont rendue ; ceux-là ont agi dans notre propre intérêt ; ceux-là, sous la contrainte ; ceux-là, par ignorance ; même ceux qui nous ont offensés sciemment et volontairement ne l'ont pas fait pour nous offenser : ils se sont laissés tenter par le plaisir de faire un bon mot ; ils ont agi non pour nous nuire, mais pour obtenir quelque chose qu'ils ne pouvaient avoir sans nous en écarter. Souvent, l'adulation nous blesse en nous flattant. Celui qui se remettrait en mémoire toutes les fois où il s'est laissé aller à des soupçons injustifiés, les services qu'il a voulu rendre et que le hasard a travestis en offenses, les gens qu'il a aimés après les avoir détestés, celui-là pourrait ne pas s'emporter sur-le-champ et se dire, devant chaque acte qui le blesse : « Moi aussi, j'ai fait ça. » Mais où trouver un juge si équitable ? L'homme qui ne peut voir la femme de quelqu'un sans la désirer, qui trouve bien suffisant comme raison de l'aimer qu'elle soit la femme d'un autre, ne veut pas qu'on regarde sa propre femme. Celui qui réclame la loyauté la plus intransigeante est déloyal, le parjure chasse le mensonge, le chicanier prend très mal qu'on l'attaque au tribunal, et l'homme qui ne veut pas que l'on attente à la pudeur de ses petits esclaves outrage la sienne. Les vices des autres, nous les avons sous les yeux ; les nôtres, dans le dos. Voilà pourquoi le père qui stigmatise les interminables banquets de son fils fait pire que lui ; pourquoi l'homme qui ne pardonne rien à la débauche des autres ne refuse rien à la sienne ; pourquoi le tyran s'emporte contre l'homicide et le sacrilège punit le voleur. La grande majorité des gens ne s'irritent pas contre la faute, mais contre le coupable. Un retour sur nous-mêmes modérera nos ardeurs si nous nous demandons : « N'avons-nous pas commis quelque chose de ce genre ? Ne nous sommes-nous pas égarés par là ? Est-ce à nous de condamner ça ? »

Le grand remède à la colère, c'est le temps. Demande-lui d'emblée non de pardonner, mais de juger. Ses premières fureurs sont terribles, mais quand elle attend, elle disparaît. N'essaie pas non plus de la supprimer d'un seul coup. Tu la vaincras morceau par morceau. Certaines des offenses qui nous blessent ne nous sont que rapportées ; d'autres, nous les entendons ou les voyons nous-mêmes. Celles que l'on nous rapporte, n'y croyons pas trop vite : beaucoup mentent pour tromper, beaucoup parce qu'ils se trompent ; il y a celui qui veut se rendre agréable en accusant, qui invente une offense pour bien montrer à quel point il s'en indigne ; il y a le malveillant, qui veut briser une amitié solide ; il y a le semeur de soupçons, qui veut du spectacle, un beau combat de cirque qu'il regardera de loin, bien tranquille. S'il ne s'agissait que d'une petite somme d'argent et que tu devais juger l'affaire, tu ne te déciderais pas sans témoin (et un témoin qui n'aurait pas prêté serment ne serait pas valable). Tu laisserais parler les deux parties, tu leur donnerais le temps, tu ne te contenterais pas de les écouter une seule fois. C'est que plus on tourne et retourne la vérité entre ses mains, plus elle brille. Et ton ami, tu le condamnerais séance tenante ? Avant de l'entendre, avant de l'interroger, avant qu'il ait pu savoir qui l'accuse et de quoi, tu es déjà en colère ? Tu as donc déjà entendu ce que les deux parties avaient à dire ? Même l'homme qui a dénoncé la chose ne parle plus, quand on lui demande de prouver ce qu'il avance. « Pas question que tu cites mon nom. Si tu le fais, je nie. Ou alors je ne te dis plus rien. » D'un même souffle, il déclenche la bataille et les coups, et s'en retire lui-même sur la pointe des pieds. Celui qui ne veut te parler que si tu tiens ta langue, c'est comme s'il n'avait rien dit. Car quoi de plus injuste que d'admettre en cachette et d'afficher sa colère au grand jour ?

D'autres offenses nous sommes directement témoins. Dans ce cas, cherchons qui nous les a infligées et pourquoi. Un enfant ? Pardonnons à son âge, il ne connaît pas le mal. Mon père ? Il m'a tant donné ! De sa part, même l'offense est létigime, ou encore, cet acte dont je m'indigne, peut-être est-ce un service qu'il me rend. Une femme ? Elle s'égare. Celui-ci avait des ordres ? Qui peut sans injustice lui en vouloir s'il n'était pas libre d'agir autrement ? Celui-là, tu l'avais blessé ? Ce n'est pas une offense que de subir ce que tu as infligé au préalable. Un juge ? Crois plutôt son jugement que le tien. Un roi ? Coupable, accepte sa justice, innocent, accepte le destin. Un animal sans langage ou un être qui lui ressemble ? Tu l'imites en te mettant en colère. Une maladie, une calamité ? Elle sera moins lourde pour qui se fait une raison. Dieu ? Tu perds autant ta peine à t'irriter contre lui qu'à le prier de s'irriter contre un autre. Un honnête homme t'a offensé ? N'en crois rien. Un scélérat ? Ne t'en étonne pas. La punition qu'il mérite de ta part, il la recevra d'un autre et, déjà, il se punit lui-même en faisant le mal.

Il y a deux choses, je l'ai dit, qui suscitent en nous la colère. La première, c'est d'avoir l'impression qu'on nous a offensés. Nous venons d'en parler. La seconde, qu'on nous a offensés injustement. Nous devons y regarder de plus près. *Injustes.* Les hommes trouvent injuste certains affronts parce qu'ils n'auraient pas dû les subir ; d'autres parce qu'ils ne s'y attendaient pas. Nous jugeons infamant l'outrage inopiné. Voilà pourquoi l'offense qui nous touche le plus est celle qui contredit nos attentes et nos espoirs. Si dans notre famille un rien nous blesse, si de la part de nos amis une simple négligence nous fait injure, n'en cherchons pas ailleurs la raison.

– Mais alors, pourquoi les affronts de nos ennemis nous touchent-ils ?

– Parce que nous ne les avions pas prévus. Ou en tout cas pas si violents. Pourquoi ? C'est notre trop-plein d'amour-propre. Intouchables même pour nos ennemis, voilà comment nous nous voyons. En chacun de nous bat un cœur de roi qui veut que tout lui soit permis, et rien contre lui. Ce qui provoque notre colère, c'est le caractère inhabituel de l'incident – ou plutôt notre ignorance. Car en fait, quoi d'étonnant si des méchants agissent méchamment ? Quoi de neuf si « l'ennemi nous nuit – l'ami nous blesse », « le fils fait un faux pas – l'esclave une faute lourde » ? Fabius disait que l'excuse la plus honteuse pour un général, c'était : « Je n'y avais pas pensé. » Moi, j'estime que c'est la plus honteuse pour tout homme. Pense à tout. Attends-toi à tout. Même dans les caractères parfaits une arête plus dure fait saillie. La nature humaine crée des sournois, des ingrats, des cupides, des impies.

Quand tu juges la conduite d'un seul, pense à celle de tous. C'est quand tu as le plus de joie que tu as le plus à redouter. Quand tout te semble calme, les choses qui vont te nuire ne manquent pas, elles se taisent. Dis-toi bien qu'il s'en trouvera toujours pour te blesser. Jamais un pilote de navire, même sûr de lui, ne déploiera ses voiles sans être en mesure de les ramener au plus vite. Dis-toi surtout ceci : la force de faire mal est affreuse et détestable. Elle est on ne peut plus étrangère à l'homme qui, par ses bienfaits, apprivoise même les bêtes féroces. Regarde le cou de l'éléphant sous le joug ; et le dos du taureau que foulent impunément les enfants et les femmes qui dansent dessus. Vois l'énorme serpent qui glisse, inoffensif, entre les coupes, entre les seins. Admire, au sein du foyer, l'ours et le lion qui tendent paisiblement leur museau aux caresses, les bêtes sauvages qui font fête à leur maître. On aurait honte de troquer nos mœurs contre celles que ces animaux avaient auparavant. C'est un sacrilège de nuire à sa patrie. Donc à nos concitoyens aussi, car il en font partie, et les parties sont saintes si le tout est sacré. Donc tout homme est sacré : dans la cité mondiale, c'est ton concitoyen. Où irait-on si les mains cherchaient à nuire aux pieds, les yeux aux mains ? De même que nos membres s'entendent entre eux car la santé de chacun est nécessaire au tout, de même les hommes épargnent chaque individu parce qu'ils sont nés pour vivre ensemble et que la société ne se sauvera elle-même qu'en aimant et en conservant ses parties. Même les vipères, les serpents d'eau et toutes les bêtes qui mordent ou attaquent, nous ne les assommons pas si nous pouvons les apprivoiser définitivement, ou faire en sorte qu'elles ne soient plus dangereuses pour nous ni pour les autres. Donc l'homme aussi, ne le frappons pas *parce qu'*il a fait le mal, mais *pour* qu'il ne le fasse plus, et ne punissons jamais en fonction du passé, mais de l'avenir. On ne se met pas en colère, on prend ses précautions. Car s'il faut châtier tous ceux qui ont un naturel dépravé, malfaisant, la punition n'exceptera personne.

– Mais, en fait, la colère procure un certain plaisir. Ça soulage de rendre le mal qu'on a subi.

– Ah non ! Ce n'est pas comme pour les bienfaits : on s'honore en rendant service pour service, mais offense pour offense, non. La honte, là c'est d'être vaincu, ici de vaincre. Vengeance est un mot inhumain. Même si on le ressent comme juste. Et, mis à part l'ordre chronologique, les représailles ne diffèrent guère de l'agression. Celui qui rend le mal le fait ; il a seulement des circonstances atténuantes. Un homme, sans le vouloir, avait frappé Marcus Caton aux thermes (qui aurait fait ça volontairement ?). Quand il vint s'excuser, Caton lui répondit : « On m'a frappé ? Je ne m'en souviens pas. » Il préféra effacer que se venger. Tu vas dire : « Mais alors, après cette insolence, on ne lui a rien fait ? » Si, du bien, et beaucoup, car il a commencé à connaître Caton. Le grand esprit regarde de haut les offenses. Le plus grand mépris, c'est de signifier à l'offenseur que nous ne le jugeons pas digne de notre vengeance. Trop de gens s'abaissent encore davantage en vengeant un petit affront. L'homme grand, l'homme noble fait comme les fauves : il ne s'émeut pas quand les roquets aboient.

– On nous méprisera moins dans l'avenir si nous nous vengeons des offenses passées.

– Si nous le faisons pour nous porter mieux, alors que ce soit sans colère, non parce que c'est agréable mais parce que c'est utile : or, il y a beaucoup de cas où il vaut mieux fermer les yeux. Le mal que nous font les puissants, il faut le subir non seulement en silence mais avec le sourire : ils recommenceront si on leur montre qu'ils nous ont fait mal. C'est bien le pire avec ces hommes à qui un grand destin est monté à la tête : ceux qu'ils ont blessés, en plus, ils les haïssent. Chacun connaît le mot de ce vieux courtisan à qui on demandait comment il avait réussi cet exploit extrêmement rare au palais : devenir vieux. « J'ai reçu des gifles et j'ai dit merci. » Dans bien des cas, venger une offense va tellement contre notre intérêt qu'avouer seulement qu'on l'a subie est dangereux. Caligula avait jeté en prison le fils de l'honorable chevalier Pastor, car il s'était offensé de son raffinement vestimentaire et de ses effets de coiffure. Quand le père vint supplier qu'on lui accorde, à lui, la grâce de son fils, l'empereur ordonna sur-le-champ qu'on le tue, comme si on lui avait demandé son exécution. Cependant, pour ne pas se montrer totalement inhumain avec le père, il l'invita à dîner ce jour-là. Pastor vint, sans le moindre reproche dans le regard. L'empereur but à sa santé dans une hémine, puis la lui présenta et lui affecta un surveillant pour voir s'il vidait bien ses coupes. Le malheureux dut endurer tout cela comme s'il buvait le sang de son fils. Caligula lui fit parvenir des parfums, des couronnes, en faisant observer s'il les mettait. Il les mit. Le jour même où il enterrait son fils, plutôt où il ne l'enterrait pas, il était là, couché avec cent convives, et, malgré son âge et sa goutte, il vidait coupe sur coupe comme pour fêter une naissance – et cela sans verser une seule larme ni laisser paraître sa douleur par quelque signe que ce soit. Il festoya comme si la grâce de son fils lui avait été accordée. Tu veux savoir pourquoi ? Il en avait un autre.

– Le grand Priam n'a-t-il pas, lui aussi, dissimulé sa colère ? N'a-t-il pas embrassé les genoux du roi ? N'a-t-il pas porté à ses lèvres cette main meurtrière, rouge du sang de son fils ? N'a-t-il pas dîné ?

– Oui, mais tout de même sans parfums, sans couronne. Son ennemi le plus acharné l'a prié avec beaucoup de prévenance de manger quelque chose, non de siffler de gigantesques coupes sous l'œil d'un surveillant debout près de lui. Le père romain eût été méprisable s'il avait eu peur pour lui-même. Mais c'est l'amour paternel qui a retenu sa colère. Il s'est montré digne qu'on lui permette de quitter le festin pour aller recueillir la dépouille de son fils. Même cela, l'empereur ne l'y autorisa pas, tout en se montrant plein de bienveillance et d'obligeance : il harcela sans cesse le vieillard de ses toasts, lui conseillant d'oublier ses soucis. Et Pastor se montra gai, comme s'il avait effacé ce qui s'était passé le jour même. Son second fils serait mort si le convive n'avait pas été du goût du bourreau.

Donc il faut faire abstinence de colère, que celui qui l'a provoquée soit un égal, un supérieur ou un inférieur. Ne jamais se battre : contre un égal c'est risqué, contre un supérieur c'est dément, contre un inférieur c'est sordide. Seul un homme d'une mesquinerie lamentable veut remordre qui l'a mordu. Avance la main vers une souris, vers une fourmi : elle lève la tête. Les faibles croient qu'on les agresse quand on les touche. Souvenons-nous, pour adoucir notre colère, des services que nous a rendus celui qu'elle vise, et rachetons ce qu'il nous fait de mal par ce qu'il nous a fait de bien. Pensons aussi à tout ce qu'on dira de nous si nous alimentons une réputation de clémence ; à tous les amis utiles que nous nous ferons en pardonnant. Ne nous emportons pas contre les enfants de nos adversaires, de nos ennemis. C'est l'une des pires manifestations de la cruauté de Sylla, d'avoir privé les enfants des proscrits de leurs droits civiques. Quoi de plus injuste que de faire hériter quelqu'un de la haine qu'on voue à son père ? Chaque fois que nous aurons du mal à pardonner, demandons-nous si c'est bien dans notre intérêt que tous se montrent inexorables. Que de fois celui qui a refusé le pardon l'implore ! Que de fois se roule-t-il aux pieds de l'homme qu'il a repoussé des siens ! Et qu'y a-t-il de plus glorieux que de muer une colère en amitié ? Le peuple romain a-t-il alliées plus fidèles que les nations qui furent ses ennemies les plus acharnées ? Que serait l'Empire aujourd'hui si une saine prévoyance n'avait pas mélangé les vaincus aux vainqueurs ? Cet homme est en colère contre toi ? Provoque-le en lui faisant du bien. Une brouille s'écroule immédiatement si l'un des deux camps ne joue plus : seuls les semblables s'opposent. Et la colère des deux côtés, c'est la bagarre, le choc ! Le meilleur, c'est celui qui lâche pied le premier. Le vainqueur perd. Il te frappe ? Laisse tomber. Si tu lui rends son coup, tu lui donneras l'occasion de t'agresser encore, plus une excuse. Tu ne pourras plus quitter le jeu quand tu voudras. Qui a envie de frapper son ennemi jusqu'à laisser son poing dans la blessure sans pouvoir la retirer ? Eh bien, la colère est une arme de ce genre : on a du mal à la ressortir de la plaie. Nous faisons attention quand nous tenons des armes légères, comme une épée facile à manier, pratique, et nous ne ferions rien pour nous garder de ces pulsions mentales lourdes, désastreuses, impossibles à rengainer ? Enfin, la rapidité recherchée, c'est celle qui s'arrête où on le veut, qui ne continue pas à courir en dépassant le but, qui se laisse diriger et qu'on peut faire passer de la course à la marche. Quand les nerfs provoquent des mouvements involontaires, nous savons qu'ils sont malades. C'est le vieillard ou l'homme nerveusement atteint qui court quand il veut marcher. Disons-nous que les mouvements d'un esprit parfaitement sain et bien portant sont ceux qui vont à notre gré, non ceux qui laissent leur propre vent les emporter.

Mais rien n'est plus utile que de penser à la laideur de la colère et d'imaginer ses dangers. Aucune passion ne ravage autant la physionomie. Elle défigure le plus charmant visage, fait grimacer les traits les plus sereins. Toute grâce disparaît chez les gens en colère : leur vêtement était-il drapé dans les règles de l'art ? Ils le laissent traîner par terre, et se négligent complètement ; leurs cheveux bien peignés naturellement ou grâce à l'art de la coiffure ? les voilà qui se hérissent comme leur esprit ; leurs veines se gonflent : d'incessants halètements soulèvent leur poitrine, des éructations rageuses leur distendent le cou ; leurs membres s'agitent, leurs mains se tordent, tout leur corps tangue et roule. Comment imaginer, à l'intérieur, un esprit dont l'image extérieure est si horrible ? En son sein, combien plus terrifiant doit être son regard, plus violent son souffle, plus impétueux son élan, prêt à se fracasser s'il ne peut éclater dehors. Comme on se représente l'ennemi ou le fauve se rendant au carnage, les monstres infernaux forgés par les poètes, aux cheveux de serpents, au souffle de feu, les êtres malfaisants du royaume d'en bas qui excitent à la guerre et déchirent la paix en suscitant la discorde entre les peuples, à leur image nous nous figurerons la colère : regard de feu, tohu-bohu qui siffle, mugit, gémit, qui perce les oreilles (et si l'on trouve un son plus odieux, qu'on l'ajoute), javelots dans chaque main (foin de bouclier), l'œil torve, tout ensanglantée, rouge de cicatrices, bleue de ses propres coups, l'air d'une folle en son voile de fumée noire, assaillant, dévastant, terrifiant, travaillée de la haine de tous, et d'abord d'elle-même si elle n'a d'autre victime, brûlant de culbuter la terre, la mer, le ciel, exécrée autant qu'elle exècre. Ou, si l'on veut, comme nos poètes inspirés nous ont montré...

Bellone qui brandit un fouet noir de sang,
La Discorde au manteau déchiré qui ricane

ou, si l'on peut donner de cette passion sinistre image plus sinistre.

« Il y a des gens, a dit Sextus, qui se sont bien trouvés de prendre leur miroir en pleine colère : ça leur a fait un choc de se voir métamorphosés à ce point ; face à eux-mêmes, ils ne se sont pas reconnus. Et pourtant, quelle faible part de leur difformité renvoyait le miroir ! Si l'on pouvait montrer l'esprit, s'il existait quelque matière qui le reflète, nous clignerions des yeux devant un tel chaos de noirceurs, de taches, de bouillonnements, de torsions et d'enflures ! Car, en réalité, sa difformité inouïe, on ne la voit qu'à travers les os, les chairs et tant d'autres obstacles à son passage. Que serait-ce si elle se montrait nue ? » Seulement, un miroir n'a jamais dissuadé personne.

– Pourquoi ?

– Celui qui prend son miroir pour changer d'humeur, il a déjà changé : l'image atroce, affreuse est celle qui plaît le plus à l'homme en colère ; il veut se voir exactement comme il est.

C'est plutôt l'autre point qu'il faut considérer : que de gens ont eux-mêmes pâti de leur colère ! Des veines ont éclaté par excès de chaleur, un cri poussé trop fort a fait jaillir le sang, la violence des larmes de rage baisser la vue, des malades ont eu des rechutes. Il n'est pas de voie plus rapide vers la folie. Beaucoup ont prolongé leur colère en folie furieuse, et n'ont jamais retrouvé leurs esprits. La colère a poussé Ajax dans la fureur ; la fureur dans la mort. En niant totalement qu'ils sont en colère et qu'ils délirent, les furieux vouent leurs enfants à la mort, eux-mêmes au dénuement, leur maison à la ruine. Ennemis de leurs meilleurs amis, fuis par leurs proches, oubliant toute loi hors celle qui les arme, déchaînés pour un rien, insensibles aux mots et aux médiations, ils règlent tout par la violence, l'épée en main, prêts à frapper ou à s'en transpercer eux-mêmes. C'est qu'ils sont en proie au mal majeur. Il l'emporte sur tous les vices : les autres ne pénètrent que peu à peu, lui c'est la guerre éclair, et il occupe tout. Et toutes les passions, il les soumet : il vainc l'amour le plus ardent : voici le corps adoré poignardé, et le tueur se jette dans les bras du cadavre. La colère foule aux pieds l'avarice, ce mal dur, sans souplesse : la voilà qui sème à pleines mains ses richesses, et met le feu à sa maison, où tant de biens sont entassés. Quoi encore ? L'ambitieux ne refuse-t-il pas des distinctions prestigieuses ? Ne repousse-t-il pas l'honneur qu'on lui offre ? Il n'est point de passions sur lesquelles la colère n'ait pas les pleins pouvoirs.

LIVRE III

Ce que tu demandais surtout, Novatus, nous allons maintenant tenter de le faire : extirper la colère, ou du moins la brider, l'empêcher d'attaquer. Il faut parfois agir franchement, ouvertement, quand la faiblesse du mal nous le permet, et parfois par la bande, quand il brûle trop fort et que tout obstacle ne ferait que le raviver et l'augmenter. C'est en mesurant sa puissance, en jugeant si elle est intacte ou non que nous saurons si nous devons nous lancer à la reconquête, ou bien laisser passer l'orage, de crainte qu'il n'emporte avec lui le remède. Tenons compte de la personnalité en cause : il y a ceux qui cèdent aux suppliants, ceux qui les brutalisent et les insultent, et ceux à qui il faut faire peur pour les calmer ; celui-ci c'est le sens de la dignité , celui-là les aveux, cet autre ce sont les reproches qui l'arrêtent dans son élan. Et lui, c'est le délai de réflexion – traitement, par la lenteur, d'un mal qui fonce, position de repli quand il n'y a rien d'autre à faire. Les autres passions acceptent d'attendre, on peut les soigner à loisir, mais celle-ci, sa violence sans frein, qui s'emporte elle-même, n'a rien de progressif : à peine commencée elle est là tout entière. Et, à la différence des autres vices, elle n'agit pas par séduction : c'est un rapt. Comme elle le fait courir, l'esprit ! Il n'a plus aucun contrôle sur lui-même et brûle de faire du mal aux autres – voire à tous. Enfin, elle ne s'en prend pas seulement à ceux qu'elle vise mais à tout ce qu'elle trouve en travers de son chemin. Les autres vices bousculent l'esprit, la colère le jette dans le vide. Si l'on ne peut pas toujours résister aux premiers, on peut du moins espérer qu'ils s'arrêtent d'eux-mêmes. La colère accélère toujours, comme la foudre, comme l'averse, comme tous ces mouvements irréversibles qui ne vont pas en avant mais en bas. Les autres vices s'écartent de la raison, elle de la santé mentale. Les autres commencent en douceur et grandissent subrepticement : la colère précipite l'esprit d'un seul coup. Donc, rien de plus délirant ne nous accable, rien de plus prompt à faire usage de sa force, de plus hautain dans le succès, de plus fou dans la frustration. Même l'échec ne la dégrise pas : quand le destin lui soustrait son adversaire, la voilà qui se mord elle-même à pleines dents. Peu importe le motif initial : l'incident le plus mince, elle en fait une montagne.

Elle s'attaque à tout âge, elle n'excepte aucun peuple. Certains, trop pauvres, ne connaissent pas le goût du luxe. D'autres, aguerris et toujours en mouvement, échappent à la paresse. D'autres encore, peu civilisés, campagnards, ignorent l'hypocrisie, la fraude et tous les vices produits par un forum. Mais nul n'échappe à la colère. Elle est aussi puissante chez les Grecs que chez les Barbares, aussi nocive chez ceux qui respectent des lois que chez ceux qui décident du droit par la force. Enfin, les autres vices touchent des particuliers ; la colère est le seul qui puisse prendre un caractère collectif. Jamais un peuple entier n'a brûlé d'amour pour la même femme, jamais une cité ne s'est vouée en bloc à l'argent, au profit. L'ambition est individuelle. La nervosité n'est pas un mal public. Mais, la colère, souvent, on s'y rend en colonne : hommes et femmes, jeunes et vieux, princes et peuple, tous furieux. Et la foule, chauffée à blanc par quelques phrases, déborde l'agitateur lui-même. Vite, de tous côtés, on court aux armes, on met le feu, on déclare la guerre aux voisins, on déclenche la guerre civile. On réduit en cendres des maisons entières avec leurs habitants, et l'homme dont on applaudissait tout à l'heure l'éloquence, que l'on couvrait d'honneurs, reçoit en pleine figure la colère de sa harangue. On a vu des légions retourner leurs javelots contre leur général. La plèbe tout entière faire sécession. L'auguste assemblée, le Sénat, sans attendre d'avoir levé des troupes et d'avoir pourvu à leur commandement, donner sur-le-champ des chefs à sa colère, et organiser directement l'exécution de nobles personnages après les avoir traqués à travers les maisons de Rome. Une ambassade agressée au mépris du droit international, et une rage monstrueuse a saisi la cité : on n'a pas laissé le temps à l'émoi populaire de retomber, non, on a mis aussitôt la flotte à la mer, lourde de soldats embarqués fiévreusement. Sans rites, sans auspices, le peuple, sous la conduite du général Colère, est sorti de la ville avec des armes de fortune, ramassées au hasard ou pillées, avant d'expier, dans un carnage horrible, la témérité de sa colère aveugle. Ainsi meurent les Barbares qui se ruent au hasard à la guerre. Quand l'idée qu'ils sont offensés a frappé ces esprits toujours en mouvement, ils agissent sur l'heure, et, là où leur ressentiment les conduit, ils tombent sur les légions comme l'avalanche, sans ordre, sans peur, sans précautions, courant allégrement au danger. Ils aiment ça, prendre des coups, sentir le fer de près, accabler les javelots sous leurs corps et sentir la vie s'enfuir par leurs blessures.

– Mais on le sait, que la colère est puissante et désastreuse. Dis plutôt comment la soigner.

– On le sait ? Mais, comme je l'ai déjà dit, Aristote la défend, la colère. Il ne veut pas que nous l'extirpions complètement. Il dit que c'est l'éperon du courage, qu'en l'arrachant on désarme l'esprit, qu'on le rend apathique, incapable de grandes entreprises. Il me faut donc prouver sa laideur et sa sauvagerie, mettre sous les yeux quel monstre est l'homme qui se déchaîne contre un homme, montrer que le malveillant ne peut se ruer à l'assaut sans se blesser lui-même, que, l'ennemi dont il cherche à maintenir la tête sous l'eau, il ne le noiera pas sans se noyer aussi. Quoi ? Il y aurait quelqu'un pour trouver sain celui qui, emporté par l'ouragan, ne marche pas, mais est poussé ? Qui obéit à un vice fou furieux ? Qui ne se venge pas, mais se punit en déchaînant contre soi-même son esprit et son bras, en se faisant le bourreau de ceux qu'il aime et qu'il pleurera demain ? Il y aurait quelqu'un pour donner comme auxiliaire à la vertu cette passion, alors qu'elle perturbe le jugement sans lequel la vertu n'est rien ? Les forces que nous donne la fièvre sont éphémères, elles n'augurent rien de bon, elles revigorent la maladie. Ne crois pas que je perde mon temps à enfoncer des portes ouvertes, comme si j'avançais gratuitement que les hommes ne sont pas sûrs que la colère soit une infamie. Car il y a quelqu'un – et un très grand philosophe – qui lui fixe des tâches, la trouve utile, l'enrôle comme auxiliaire de l'âme pour la guerre et pour l'action et fait appel à elle pour tout ce qui exige un peu d'énergie. Si l'on veut qu'elle n'abuse personne, que nul ne s'imagine qu'elle puisse servir en telle ou telle circonstance, il faut montrer sa rage sans frein et son délire, et lui rendre tout son attirail : chevalets, potences, cachots, croix, feux autour des corps empalés, crochets traînant même des cadavres, chaînes en tout genres, tortures en tout genres, membres arrachés, fronts marqués au fer, cages aux fauves. Replaçons la colère au milieu de ses instruments, avec son sifflement sinistre, atroce, plus hideuse que tous ses outils de fureur.

Laissons-lui, sur le reste, le bénéfice du doute, mais une chose est sûre : aucune passion n'a plus triste figure. Nous l'avons décrite dans les précédents livres : dure, farouche, tantôt blanche, ayant chassé le sang vers l'intérieur du corps, tantôt rouge vif, couleur carnage, quand toute la chaleur monte au visage, les veines gonflées, les yeux jaillis de leurs orbites et courant en tout sens, ou fixant un seul point et n'en démordant pas. Ajoute le bruit des dents qui s'entrechoquent dans leur faim de manger quelqu'un – comme les sangliers qui aiguisent leurs défenses en les frottant. Ajoute les articulations qui craquent quand les mains se tordent, la poitrine sans cesse martelée, le halètement précipité et les gémissements arrachés des entrailles, le corps en équilibre instable, les mots incohérents coupés d'exclamations subites, les lèvres qui tremblent et soudain se serrent en laissant échapper un sifflement terrible. Par Hercule ! Les fauves, quand la faim les torture ou qu'ils ont une lance fichée dans le ventre – et que, blessés à mort, ils cherchent à mordre une dernière fois le chasseur – sont moins hideux que l'homme brûlant de colère. D'ailleurs, si tu as le temps d'écouter ses grands mots et ses menaces, tu constates que c'est un esprit écorché vif qui parle ainsi ! Qui ne voudrait se soustraire au piège de la colère quand il a compris qu'elle lui fait d'abord tant de mal à lui-même ? Tu voudrais que je ne les prévienne pas, ces grands personnages qui s'enflamment en s'imaginant que c'est la preuve de leur force, qui comptent parmi les bienfaits de leur rang d'avoir toujours sa vengeance sous la main – que je ne leur explique pas qu'il n'est pas puissant, qu'on ne peut même pas dire qu'il soit libre, le prisonnier de sa colère ? Tu voudrais que je n'exhorte pas le monde à faire plus attention, à se surveiller soi-même, car, si les autres maladies de l'esprit touchent les pires individus, la colère fait irruption même chez les hommes sains et cultivés ? C'est d'ailleurs si vrai que certains y voient un signe de franchise, et que, de l'avis de tous, les gens les plus affables n'y échappent pas.

– A quoi vise cette tirade ?

– A ce que personne ne se croie à l'abri de la colère. Elle appelle aussi les natures douces et pacifiques à la brutalité et aux violences. La vigueur physique, l'attention qu'on porte à sa santé ne servent à rien contre une épidémie : elle atteint faibles et forts sans distinction. C'est pareil pour la colère : elle menace aussi bien les esprits agités que les tempéraments réguliers et tranquilles, leur valant d'autant plus de honte et de danger qu'elle les change davantage. Mais c'est une chose de ne pas s'ouvrir à la colère, une autre de l'arrêter, une autre encore de soigner celle d'un tiers : je dirai d'abord comment n'y pas succomber, ensuite comment nous en libérer et enfin comment en dissuader l'homme en rage, l'apaiser et le ramener à la santé.

Nous nous garantirons de la colère si nous nous rappelons souvent tous ses maux, si nous la jugeons pour ce qu'elle vaut. Accusons-la devant nous, et condamnons-la ! Examinons ses crimes à fond, étalons-les en plein jour ! Pour qu'elle apparaisse telle qu'elle est, comparons-la avec ce qu'il y a de pire. L'avarice acquiert et amasse pour qu'un autre utilise mieux – la colère dépense et elle coûte souvent cher. Combien d'esclaves un maître irascible a-t-il poussés à la fuite ? Combien à la mort ? Combien de fois, en s'emportant, a-t-il perdu bien plus que ce pour quoi il s'emportait ? La colère donne au père le deuil, au mari le divorce, au magistrat la haine, au candidat l'échec. Elle est pire que la débauche – qui jouit de son plaisir à elle, et non, comme la colère, de la douleur d'un autre. Elle surpasse la méchanceté et l'envie – qui souhaitent le malheur, alors que la colère veut en être l'auteur. Les premières se félicitent des maux fortuits ; elle, elle ne se contente pas du destin. Elle veut *faire* du mal à celui qu'elle hait, non qu'il lui *arrive* du mal. Rien n'est plus accablant que les inimitiés : la colère se les attache. Rien n'est plus funeste que la guerre : c'est en elle qu'éclate la colère des puissants. D'ailleurs, sans arme et sans force, la colère plébéienne et privée elle-même est une guerre. De plus – et sans parler de ce qui va la suivre sans tarder : représailles, embuscades, angoisse perpétuelle des vendettas et contre-vendettas –, la colère punit dans son acte même celui qui punit. Elle abdique la nature humaine : l'une exhorte à l'amour, l'autre à la haine ; l'une à se rendre utile, l'autre à faire du mal. Ajoute que, bien que son indignation vienne de l'admiration excessive qu'elle se voue, bien qu'elle semble avoir du panache à revendre, elle est mesquine, étroite – car tout homme est nécessairement plus petit que celui par lequel il se juge méprisé. L'esprit d'envergure, qui s'estime à sa vraie valeur, ne venge pas l'offense parce qu'il ne la sent pas. Les flèches rebondissent sur le dur, celui qui frappe un roc se fait mal lui-même – et aucune agression n'est ressentie par l'esprit grand, car elle aussi est plus fragile que sa cible. Qu'il est beau d'opposer son mépris à tous les affronts et insultes, comme si l'on était impénétrable aux flèches ! Se venger, c'est faire l'aveu qu'on a été touché : il n'est pas grand, l'esprit qu'une offense plie en deux. L'homme qui t'agresse, il est soit plus fort soit plus faible que toi. S'il est plus faible épargne-le, s'il est plus fort épargne-toi.

Preuve la plus sûre de la grandeur : que rien ne puisse arriver qui t'excite. Le haut du ciel, ordonné, proche des astres, n'est jamais pris dans les nuages. La tempête ne l'emporte pas, le cyclone ne le fait pas tournoyer, toute agitation lui est inconnue. Le bas fulmine.

De même, l'esprit sublime, toujours calme, logé en lieu tranquille, écrasant en lui-même ce qui pourrait provoquer la colère, est mesuré, vénérable, harmonieux – qualités introuvables chez le colérique. Car, livré à la rancœur et à la rage, qui n'oublie la mesure la plus élémentaire ? Déséquilibré par l'élan qui le jette contre quelqu'un, qui n'abandonne pas toute sa délicatesse habituelle ? Qui, en pleine fureur, se souvient du nombre et de la hiérarchie de ses devoirs ? Qui modère sa langue ? Qui domine son corps ? Qui peut, en pleine course, choisir sa direction ? Conformons-nous au précepte salutaire de Démocrite sur la tranquillité : nous sommes tranquilles quand nos entreprises, aussi bien pour la cité que pour nous-mêmes, ne sont ni trop nombreuses ni au-dessus de nos forces. Celui qui court sans cesse d'une affaire à l'autre ne pourra éviter que, dans sa journée, quelqu'un ou quelque chose ne lui cause une contrariété qui le prédispose à la colère. L'homme pressé qui marche dans la foule de Rome va forcément se heurter à beaucoup de gens, glisser ici, se faire bloquer là, être éclaboussé ailleurs ; même chose lorsqu'on éparpille sa vie : il y a beaucoup d'obstacles et de querelles. Celui-ci trompe nos espoirs, celui-là les retarde, cet autre se met en travers. Nos plans ne se déroulent pas comme prévu. Personne n'est si aimé de la fortune qu'elle réponde partout présente s'il s'essaie à beaucoup de tâches. Quand ses projets ont été contrariés, il ne supporte plus ni les gens ni les choses et, sous le plus léger prétexte, le voilà qui déchaîne sa colère contre un homme, contre un objet, contre un lieu, contre le destin, contre lui-même. Donc, pour que l'esprit puisse vivre tranquille, il ne faut pas le ballotter et l'épuiser, je le répète, dans un nombre impressionnant d'activités ni dans des ambitions au-dessus de ses forces. Il est facile de prendre sur ses épaules une charge légère et de la porter d'un pas ferme dans tel ou tel quartier, mais celle qu'on nous refile et sous laquelle nous ployons, nous la laissons vite tomber. Même si nous restons sous sa charge, nous vacillons, car nous ne sommes pas à la hauteur.

La même règle vaut dans les affaires publiques et privées : les projets simples, maniables, te suivent ; les entreprises gigantesques, au-dessus de tes forces, ne se laissent pas facilement saisir ; si tu les saisis, elles t'écrasent, elles t'emportent et, quand tu crois les tenir enfin, elle s'écroulent – et toi avec. Celui qui ne va pas au plus facile, mais veut que ce à quoi il s'attaque soit facile, échoue la plupart du temps. Chaque fois que tu fais un projet, prends ta mesure en même temps que la sienne ! Ce que tu prépares et ce qui t'y prépare. Car le regret de n'avoir pas abouti te durcira. La différence entre les tempéraments bouillants et les caractères froids et petits, c'est que l'échec tire la colère du sang généreux tandis que, chez l'apathique, elle provoque le chagrin. Ne soyons donc ni frileux ni téméraires, n'agissons pas sans avoir la compétence requise. Que nos espoirs restent à notre portée ! Ne tentons rien que nous serions le premier surpris d'avoir réussi.

Tâchons de ne pas recevoir d'offense, si nous ne savons pas les supporter. Vivons avec les plus calmes, les plus simples, les moins tourmentés, les moins nerveux. On tire son caractère de son milieu et, comme certaines maladies sont transmises par contact physique, l'esprit échange ses vices avec ceux qui l'entourent : l'ivrogne fait aimer le vin à ceux qui mangent à sa table ; à vivre avec des débauchés même le brave s'amollit – si on peut alors lui donner encore le nom d'homme –, l'avarice injecte son venin à ses proches. Pour les vertus, dans l'autre sens, c'est la même chose : elles adoucissent, calment, apaisent ce qui les côtoie. Une région tempérée, un climat salubre, sont moins profitables à la santé du corps qu'aux esprits vacillants un entourage meilleur. Tu saisiras toute la force de la méthode en observant que les fauves eux-mêmes s'adoucissent à notre contact, qu'aucune bête féroce ne garde sa violence après avoir longtemps vécu parmi les hommes. Sa dureté s'émousse, peu à peu elle l'oublie dans ce milieu paisible. Celui qui vit avec des pacifiques, ce n'est pas leur exemple seulement qui le fait progresser, c'est aussi qu'il ne trouve pas motif à s'emporter, à pratiquer son vice. Voilà pourquoi il doit fuir tous les gens dont il sait d'avance qu'il vont... irriter son irritation.

– C'est-à-dire qui ?

– Beaucoup de monde, avec des moyens différents. Le hautain te blessera de son mépris. Le railleur de son insulte, l'agressif de son affront, l'envieux de sa méchanceté, le belliqueux de ses poings, l'écervelé et le menteur de leurs mots creux. Tu ne supportes pas que le soupçonneux se méfie de toi, que l'obstiné te batte, que le délicat te trouve grossier. Choisis des gens simples, faciles, mesurés, qui n'exciteront pas ta colère et d'ailleurs la supporteront. Ceux qui t'aideront le plus, ce sont les humbles, les humains, les doux – mais ne va pas jusqu'aux adulateurs, car ils sont d'accord sur tout, et cela énerve vite les irascibles. J'ai eu un ami –

homme de bien, mais toujours prêt à la colère – qu'il n'était pas plus prudent de flatter que d'insulter. Ce n'est pas un secret : l'orateur Caelius était fort colérique. Il dînait un jour, dans sa chambre à coucher, avec un client d'un exceptionnel sang-froid, mais qui sentait bien la difficulté d'éviter, dans ce tête-à-tête, l'affrontement avec son patron. L'homme jugea que le mieux était de se ranger sur tout à l'avis de Caelius, et de jouer les faire-valoir. Ne supportant pas un tel béni-oui-oui, Caelius hurla : « Contredis-moi sur quelque chose, que nous soyons deux, enfin ! » Mais lui aussi, irrité qu'on ne l'irritât pas, dut cesser faute d'adversaire. Donc, finalement, si nous avons conscience d'être irascibles, allons jusqu'à accepter ceux qui vont se conformer à nos humeurs, à nos propos : c'est vrai qu'ils risquent de nous amollir et de nous donner la mauvaise habitude de n'entendre rien d'autre que ce que nous voulons, mais il est bon d'offrir un répit à ses vices, d'en espacer les manifestations. Même les êtres naturellement violents, les indomptés, acceptent la caresse, car elle n'a rien d'agressif ni d'effrayant. Chaque fois que la discussion se prolonge, qu'elle se fait un peu vive, brisons-la avant qu'elle ne prenne trop de force, car le conflit nourrit le conflit et ceux qui s'y jettent s'y enfoncent. Il est plus facile de rester à l'écart d'une querelle que d'en sortir.

Que les personnes sujettes à la colère évitent les efforts intellectuels trop lourds, en tout cas ceux qui les poussent au-delà de leur fatigue. Qu'elles n'appliquent pas leur esprit à de trop nombreux sujets, mais le confient à des arts agréables : qu'il s'apaise en lisant des poèmes, que l'histoire le captive de ses récits, qu'il soit traité avec douceur, délicatement. Pythagore calmait l'agitation du sien avec la lyre. Qui ne sait que les cors et les trompettes excitent, tandis que certains chants langoureux nous enlèvent toute énergie ? Quand les yeux se brouillent, il leur faut du vert, des teintes qui apaisent le regard fatigué ; les couleurs éclatantes éblouissent. De même, des activités intellectuelles de détente font du bien aux esprits malades. Nous devons fuir le forum, les plaidoiries, les procès, tout ce qui exacerbe la colère, et craindre également la fatigue du corps. Elle épuise en nous ce qui est doux et pacifique, elle aiguise nos pointes. C'est pourquoi ceux qui doivent traiter une affaire importante, s'ils se méfient de leur bile, vont la modérer avec un bon repas, car la bile, c'est surtout l'épuisement qui l'excite, soit qu'il refoule la chaleur au-dedans, donc gêne le sang et arrête son cours dans les veines endolories, soit que le corps affaibli et sans force pèse lourd sur l'esprit. Ce qui est certain, c'est qu'un même motif explique l'irascibilité des gens fatigués par la maladie et par l'âge. La faim, aussi, la soif, il faut les éviter pour les mêmes raisons : elles exaspèrent l'esprit et l'enflamment. On connaît le proverbe : « Homme fatigué cherche querelle. » On pourrait dire homme affamé, homme assoiffé, homme brûlant de tout ce qu'on voudra. Comme l'ulcère qui souffre au plus léger contact (même quand il s'imagine seulement qu'il y en a eu), l'esprit inquiet est blessé par des riens : un salut, une lettre, un discours, une question, voilà qu'il porte plainte. Tout ce qui est malade gémit quand on le touche.

Le mieux est donc de se soigner soi-même à la première sensation du mal, en laissant même à ses mots le moins de liberté possible et en retenant son élan. C'est facile de débusquer ses passions dès qu'elles sont nées : il y a des signes précurseurs aux maladies ; de même qu'on voit venir la pluie et la tempête, de même la colère, l'amour et tous ces ouragans qui ravagent l'esprit. Les épileptiques savent que leur crise est proche quand ils sentent leurs pieds et leurs mains se refroidir, quand leurs yeux se voilent, quand ils ont des tremblements nerveux, des pertes de mémoire et que la tête leur tourne. Ils traitent donc l'accès naissant par leurs remèdes habituels, en éloignant tout ce qui, par l'odeur ou le goût, met l'esprit mal à l'aise, ou en luttant avec des remontants contre le froid qui les engourdit. Si le traitement n'opère pas, ils s'isolent et tombent sans témoin. C'est utile de connaître sa maladie pour écraser ses forces avant qu'elles n'aient pu se déployer. Sachons ce qui sera le plus cuisant pour nous : pour lui ce sont les mots, pour lui les actes ; lui ne veut pas qu'on daube sur sa noblesse, lui sur sa beauté ; lui se veut le plus élégant, lui le plus érudit ; lui ne souffre pas l'orgueil, lui la révolte ; lui juge les esclaves indignes de sa colère, lui tempête en privé et sourit en public ; lui pense qu'on l'envie quand on lui demande un service, lui croit qu'on le méprise quand on ne lui en demande pas. La flèche n'arrive pas du même côté pour tous. Il faut que tu saches où est ton point faible pour mieux le protéger.

Il n'est pas bon de tout voir et de tout entendre. Laissons bien des affronts nous passer à côté : la plupart ne touchent pas celui qui les ignore . Tu ne veux pas être en colère ? Sois moins curieux. Celui qui se renseigne sur ce qu'on dit de lui et va déterrer les propos malveillants, même confidentiels, se tourmente lui-même. C'est l'interprétation qu'il en fait qui leur donne cette allure d'offense. Qu'il attende, qu'il rie ou qu'il pardonne ! Il y a mille façons de neutraliser sa colère ; généralement on le fait par la plaisanterie. Quand Socrate reçut une gifle, il dit seulement : « Dommage qu'on ne sache jamais quand il faut sortir avec un casque ! » L'important, ce n'est pas comment l'offense est faite, mais comment elle est reçue. Et je ne crois pas qu'il soit si difficile de rester calme, puisque je sais que même des tyrans, tout imbus de leur rang et de leur pouvoir, ont su parfois réprimer leur férocité coutumière. Sur Pisistrate, en tout cas, le tyran des Athéniens, on a conservé l'anecdote suivante : un convive en état d'ivresse disait pis que pendre sur sa cruauté ; les bras ne manquaient pas qui proposaient au tyran leurs services et, par ici, par là, on l'incitait à réagir ; il resta impassible, répondant à ceux qui s'échauffaient qu'il n'était pas plus en colère contre cet homme que s'il l'avait heurté les yeux bandés.

La plupart des gens créent leurs problèmes de leurs propres mains, en soupçonnant ce qui est faux, ou en grossissant ce qui n'est pas grave. Souvent la colère vient à nous, nous allons à elle encore plus souvent. Ne l'appelons jamais. Et si elle vient toute seule, rejetons-la ! Personne ne se dit : « Ce qui m'irrite tant, je l'ai déjà fait moi-même, ou j'aurais bien pu le faire. » Personne ne juge l'esprit qui agit, mais l'action. Eh bien, l'esprit aussi est à prendre en considération. A-t-il fait ça volontairement ou par accident ? L'a-t-on obligé, trompé ? Assouvissait-il une haine ? Espérait-il une récompense ? A-t-il suivi son propre mouvement ou agi pour le compte d'un autre ? L'âge du coupable est important, sa condition aussi, pour décider si s'abstenir de répondre est un geste d'humanité – de toute façon, ce n'est certainement pas une honte. Mettons-nous à la place de l'homme à qui nous en voulons ; voilà que c'est l'injustice de l'interprétation qui nous fait bondir : nous voulions bien la faire, mais pas la subir. Personne n'attend. Pourtant, le principal remède à la colère, c'est le délai, pour que retombe la première ébullition et que le brouillard qui obscurcit l'esprit se lève ou s'éclaircisse. Certains chocs qui t'ont frappé de plein fouet, une heure – pas même un jour – les adoucira ; d'autres encore s'évanouiront complètement. Et si le délai de réflexion ne change rien, ce ne sera plus de la colère, mais un jugement raisonné. Confie au temps ce que tu veux vraiment connaître : dans les remous, on ne peut rien voir correctement.

Ce temps, Platon ne put l'obtenir de lui-même un jour de colère contre son esclave et, lui ordonnant d'enlever immédiatement sa tunique et de présenter son dos aux coups, il était prêt à le frapper de sa propre main, quand il comprit qu'il était en colère ; alors, cette main qu'il avait levée, il la garda en l'air et resta là, dans l'attitude de celui qui va frapper. A un ami qui passait là par hasard et qui lui demanda ce qu'il faisait, il répondit : « J'inflige une punition à un homme irascible. » Comme pétrifié, il demeurait dans la posture de l'homme qui va faire mal, la plus dégradante pour un sage ; il avait déjà oublié l'esclave : il préférait châtier quelqu'un d'autre. Il se retira dorénavant le pouvoir sur les siens et, lorsqu'une faute commise le touchait un peu trop, il disait : « Speusippe, corrige ce petit, moi, je suis en colère. » Il s'abstenait de frapper pour la raison même qui aurait poussé d'autres à frapper. « Je suis en colère. Je vais en faire trop, ça va me faire trop plaisir. Que cet esclave ne soit pas au pouvoir d'un homme qui n'est pas maître de lui-même. » Et l'on confierait le soin de la vengeance à l'homme en colère, alors que Platon lui-même s'en est retiré le droit ? Que rien ne te soit permis dans ta colère. Pourquoi ? Parce que tu veux tout te permettre.

Combats-toi toi-même. Si tu veux vaincre la colère, elle ne pourra pas gagner. Tu as remporté la première manche si on ne la remarque pas, si tu ne lui as pas donné d'issue pour sortir. Renversons ses signes extérieurs et, autant que faire se peut, tenons-la cachée et secrète. On n'y parviendra pas sans mal car elle veut toujours bondir au-dehors, mettre le feu aux yeux, bouleverser le visage. Mais si nous lui permettons cette éruption, elle aura le dessus. Enfouissons-la au fin fond de notre cœur et tenons-la, au lieu d'être tenus par elle. Puis, tournons tous ses indices dans l'autre sens : détendons notre visage, adoucissons la voix, ralentissons le pas. Peu à peu, notre intérieur se conformera à notre extérieur.

On savait que Socrate était en colère quand il baissait le ton et s'exprimait plus sobrement. On sentait qu'il se contenait et ses amis, alors, le prenaient sur le fait, l'en accusaient. Ces reproches d'une colère latente ne lui étaient pas désagréables. Qui ne se réjouirait que beaucoup devinent sa colère et que nul ne la sente ? Or, les amis de Socrate l'auraient sentie s'il ne leur avait pas donné le droit de le reprendre, comme lui-même se l'accordait vis-à-vis d'eux.

Nous avons encore plus de raisons de le faire. Demandons à nos amis d'agir d'autant plus librement envers nous dans les moments où nous le supportons mal et de ne pas acquiescer à notre colère. Contre ce mal puissant et qui a nos faveurs, c'est quand nous sommes maîtres de nous, c'est quand nous sommes nous-mêmes qu'il faut appeler à l'aide. Ceux qui tiennent mal le vin et craignent de se montrer téméraires ou violents une fois ivres chargent leurs amis de les entraîner loin du banquet. Ceux qui connaissent par expérience leur propre intempérance dans la maladie interdisent qu'on leur obéisse quand ils auront la fièvre. Le mieux, c'est de mettre d'avance des obstacles au vice déjà repéré et, surtout, de prédisposer son esprit pour que, même subitement frappé par le choc le plus grave, il ne ressente pas la colère, ou que, si l'ampleur d'un outrage inattendu l'a suscitée, il la refoule au plus profond de lui et ne déclare pas ouvertement sa rancœur. On va voir que c'est possible grâce à quelques exemples choisis parmi d'innombrables autres. Ils enseignent deux points : de quoi la colère est capable quand elle se sert de toute la puissance des hommes les plus puissants, et quel contrôle on peut s'imposer à soi-même quand une crainte supérieure la réprime.

Le roi Cambyse aimait le vin. L'un de ses meilleurs amis, Praexaspès, lui conseilla de boire avec plus de mesure ; l'état d'ébriété, disait-il, est honteux chez un roi que tous suivent des yeux et des oreilles. « Pour que tu saches, répondit Cambyse, que je ne perds jamais la possession de mes moyens, je vais prouver qu'après boire mes yeux et mes mains font leur travail. » Sur quoi, il but plus généreusement que d'habitude, dans des coupes plus grandes. Quand il fut lourd de vin, il ordonna au fils de celui qui l'avait blâmé de passer de l'autre côté de la porte et d'y rester debout, la main gauche levée au-dessus de sa tête. Il tendit alors son arc et transperça le jeune homme au cœur (il avait dit auparavant que c'était là qu'il viserait). Puis il lui fit ouvrir la poitrine, montra que la pointe de la flèche était fichée en plein cœur et, se tournant vers le père, lui demanda s'il avait la main assez sûre. Celui-ci répondit qu'Apollon lui-même n'aurait pu mieux tirer.

Que les dieux maudissent cet esclave d'esprit plus que de condition ! Il loua cet acte alors que c'était déjà trop d'y avoir assisté. Il trouva une occasion de flatterie dans la poitrine de son fils coupée en deux, dans son cœur palpitant sous la blessure. Il aurait dû contester la valeur de l'exploit et demander un autre essai pour permettre à Cambyse de montrer une main encore plus sûre contre le père. Ô roi sanguinaire, qui mériterait que tous les arcs des siens se tournent contre lui ! Comme nous exécrons l'homme qui termine un banquet par une exécution et des funérailles ! Pourtant, avoir loué cette flèche est encore pire que l'avoir envoyée. Nous verrons comment le père aurait dû se conduire, debout près du cadavre de son fils, après cet assassinat dont il avait été à la fois le témoin et la cause. Le point dont il s'agit ici, c'est qu'il est clair que la colère peut être réprimée. Il n'a pas injurié le roi, il n'a même exprimé aucune plainte alors qu'il sentait son propre cœur transpercé comme celui de son fils. On peut dire à juste titre qu'il a dévoré ses mots. Car, si l'homme en colère avait parlé, le père n'aurait pu accomplir ses devoirs. Donc, peut-être s'est-il comporté plus sagement dans ce malheur qu'en recommandant la modération à un homme qu'il valait mieux voir boire du vin que du sang : tant qu'il avait les mains occupées par les coupes, on avait la paix. Ainsi a-t-il ajouté son nom à la liste de ceux qui ont montré par d'immenses malheurs quel prix les bons conseils coûtent aux amis des rois.

Je ne doute pas qu'Harpage aussi ait dû donner quelque avis de ce genre à son propre roi, le roi des Perses, car celui-ci, vexé, lui servit sans le lui dire ses enfants à manger, en lui demandant souvent s'il trouvait ce plat à son goût. Enfin, quand il le vit suffisamment rassasié de ses malheurs, il fit apporter leurs têtes et lui demanda ce qu'il pensait de l'accueil. Il ne demeura pas sans voix, le misérable Harpage, ses lèvres ne restèrent pas collées l'une à l'autre : « Chez le roi, répondit-il, tout repas est agréable. » Pourquoi cette flatterie ? Pour ne pas être invité à manger les restes. Je n'interdis pas au père de condamner l'acte de son souverain, je ne lui interdis pas de chercher un châtiment à la mesure d'une sauvagerie si monstrueuse, mais je note que même une colère issue d'outrages inouïs peut se dissimuler, s'obliger à parler contre son sentiment. De toute façon, ce refoulement de la rancœur est nécessaire aux hommes à qui est échu ce genre de vie et qui doivent se mettre à la table des rois. C'est ainsi que l'on mange auprès d'eux, que l'on boit, que l'on répond, que l'on doit sourire à ses funérailles.

La vie vaut-elle si cher ? Nous en reparlerons : c'est un autre problème. Nous ne chercherons pas à faire admettre un cachot si horrible, nous n'appellerons pas à supporter le pouvoir des bourreaux, nous montrerons dans toute servitude la porte ouverte sur la liberté. Si ton esprit souffre et que sa maladie lui ôte toute joie, tu peux, en l'achevant, achever ses malheurs. A celui auquel échoit un roi qui tire des flèches dans le cœur de ses amis, à celui dont le maître régale les pères de la chair de leurs fils, je dirai : « Pourquoi gémir, fou que tu es ? Pourquoi attendre qu'un ennemi te venge du massacre de ta lignée, ou qu'un puissant monarque accoure de très loin ? Partout où tu regardes, la fin de tes souffrances est là. Tu vois ce précipice ? C'est par là qu'on descend vers la liberté. Tu vois cette mer, ce fleuve, ce puits ? La liberté t'attend au fond. Tu vois cet arbre court, brûlé de soleil, misérable ? La liberté pend de ses branches. Tu vois ton cou, ta gorge, ton cœur ? Ce sont des brèches pour fuir la servitude. Les voies d'évasion que je te montre là sont trop acrobatiques ? Elles exigent trop de courage et de force ? Tu veux une voie royale vers la liberté ? Une veine de ton corps ; celle que tu voudras. »

Mais, tant que rien ne nous semble assez intolérable pour nous chasser de la vie, supprimons la colère, quel que soit notre rang. Elle est mauvaise pour ceux qui servent, car toute indignation récolte la torture, et les ordres pèsent plus lourd quand on les subit dans la révolte. C'est ainsi que le fauve qui se débat resserre les lacs, que les oiseaux en s'agitant secouent la glu et s'enduisent toutes les plumes. Aucun joug n'est si serré qu'il ne fasse moins mal quand on l'accepte que si on le repousse. Face à des maux immenses, il n'est qu'un réconfort : supporter, obéir à la nécessité. Mais si le refoulement des passions – et surtout de celle-ci, enragée et sans frein – est utile aux esclaves, il est plus utile encore aux rois. Tout va périr si la haute condition autorise ce que la colère conseille. La puissance qui s'exerce pour le malheur de beaucoup ne tiendra pas longtemps. Il y a danger quand une peur commune unit ceux qui gémissaient séparément. Voilà pourquoi tant de rois sont tombés sous les coups d'individus, ou de tous quand le ressentiment général forçait à rassembler les colères en une seule. Et pourtant, la plupart des monarques ont porté la colère comme si c'était un emblème royal. Par exemple Darius, qui régna le premier sur les Perses et une grande partie de l'Orient après avoir repris l'empire au mage. Il avait déclaré la guerre aux Scythes qui le jouxtaient vers l'est, et un noble vieillard, Oebaze, lui demanda de bien vouloir, sur ses trois fils, en laisser un pour consoler son père et utiliser les services des deux autres. Il promit davantage : de lui laisser les trois. Puis il les fit tuer et jeter devant le père, afin de ne pas se montrer trop cruel en les emmenant tous.

Comme Xerxès fut plus accommodant ! A Pythius qui avait cinq fils, et qui lui demandait d'en exempter un seul, il permit de choisir celui qu'il voulait. Il le fit alors couper en deux, ordonna que l'on dispose les deux moitiés de chaque côté de la route et que toute l'armée défile entre eux : ce fut le sacrifice de départ en campagne. Aussi eut-il la fin qu'il méritait : vaincu, en déroute de tous côtés, sa ruine étalée de partout, il marcha au milieu des cadavres des siens.

Telle fut la sauvagerie de la colère chez des rois barbares que n'avaient imprégnés aucune érudition, aucune culture littéraire. Je vais te servir, encore tout chaud du giron d'Aristote, le roi Alexandre, qui transperça en plein banquet – oui, de sa main – son excellent ami et ancien condisciple Clitos, parce qu'il ne jouait pas les adulateurs et n'était guère pressé de troquer la liberté macédonienne contre la servitude perse. Un autre de ses intimes, Lysimaque, il le jeta à un lion. Ce même Lysimaque, d'ailleurs, après avoir échappé miraculeusement aux dents du fauve, fut-il plus doux quand il régna lui-même ? Eh bien, Télesphoros de Rhodes, son ami, il le fit mutiler de partout, lui coupa le nez et les oreilles, et le nourrit longtemps en cage comme un étrange animal inconnu, car son horrible visage tronqué et mutilé n'avait plus forme humaine. Ajoute la faim, la crasse, la puanteur d'un corps abandonné dans ses excréments. En plus de tout cela, il avait les mains et les genoux calleux – car l'exiguïté de la cage le forçait à se tenir à quatre pattes – et les flancs à vif à cause du frottement : son aspect était hideux et terrifiant pour ceux qui le voyaient. Transformé en monstre par son châtiment, il n'inspirait même plus la pitié. Mais, si celui qui subissait ce sort ne ressemblait plus du tout à un homme, celui qui l'avait infligé y ressemblait moins encore.

Comme j'aurais aimé ne trouver que des exemples étrangers pour illustrer cette férocité, sans avoir à constater que, entre autres vices importés, la barbarie des supplices et des colères était aussi passée dans les mœurs des Romains ! Marcus Marius, à qui le peuple avait élevé des statues dans tous les quartiers, que l'on priait avec l'encens et le vin, Lucius Sylla lui fit briser les jambes, arracher les yeux, couper la langue et les mains, et, comme s'il pouvait lui infliger autant de morts que de blessures, le déchiqueta peu à peu, membre après membre. Et l'exécutant de cet ordre ? Catilina, se faisant la main dans tous les crimes ! Il le dépeçait ainsi devant le buste de Quintus Catulus, pénible spectacle pour les cendres d'un homme si doux, devant lesquelles cet individu peu recommandable – populaire pourtant et qu'on n'aimait pas sans raison même si on en faisait trop – perdait son sang goutte par goutte. Ce traitement, Marius méritait sans doute de le subir, Sylla de l'ordonner, Catilina de l'infliger ; mais la République, elle, ne méritait pas de prendre à travers le corps à la fois les glaives des ennemis et des vengeurs.

Pourquoi remonter aussi loin ? Il y a peu, Caligula, le même jour, fit fouetter et torturer Sextius Papinius, dont le père avait été consul, son questeur Betilienus Bassus, fils de son procurateur, et d'autres sénateurs et chevaliers romains – non pour les faire parler, mais par mouvement d'humeur. Puis, incapable de différer plus longtemps l'immense plaisir que sa cruauté réclamait sur-le-champ, au cours d'une promenade dans l'allée des jardins de sa mère qui sépare le portique du fleuve, il en décapita quelques-uns à la lueur d'une lanterne, en compagnie de dames et d'autres sénateurs. Qu'est-ce qui pressait tant ? Quel danger pour lui ou pour l'État une seule nuit rendait-elle si menaçant ? Enfin, c'était bien la moindre des choses d'attendre le lever du jour, et que des sénateurs du peuple romain ne soient pas mis à mort par un homme en pantoufles !

La morgue de sa cruauté est bien dans notre sujet, même si nous donnons l'impression d'aller vagabonder sur d'autres chemins : c'est un exemple de colère qui passe les bornes consacrées. Il a fouetté des sénateurs (c'est à cause de lui qu'on peut dire : « Ça se fait ! »). Il a torturé avec tout ce qu'on trouve de plus affreux dans la nature : les cordes, les brodequins, le chevalet, le feu, son visage. « La belle affaire, me dira-t-on, si trois sénateurs ont été partagés entre les coups et les flammes comme des esclaves bons à rien, par un homme qui envisageait de massacrer le Sénat tout entier, qui aurait voulu que le peuple romain n'eût qu'une seule nuque pour pouvoir fondre en un seul coup, en un seul jour, ses crimes éparpillés en tant de lieux et d'instants. » Quoi de plus inouï que cette exécution nocturne ? Si les vols ont coutume de se cacher dans les ténèbres, les châtiments sont d'autant plus dissuasifs et efficaces qu'on les voit mieux. On répondra : « Ce qui te met dans un tel état, c'était du quotidien, pour ce monstre ! C'est pour ça qu'il vivait, qu'il veillait, qu'il travaillait la nuit ! » Effectivement, on ne connaît personne d'autre qui ait fait bâillonner ceux dont il ordonnait l'exécution : on leur fourrait une éponge dans la bouche pour qu'ils ne puissent pas dire un mot. Quel condamné à mort, de tout temps, n'a-t-on pas laissé gémir ? Lui avait peur que l'ultime souffrance ne lance une phrase trop libre, il craignait d'avoir à entendre ce qu'il ne voulait pas entendre. Il savait qu'ils étaient innombrables, les crimes que personne n'oserait lui jeter à la figure, sauf celui qui allait mourir. Quand on manquait d'éponges, il faisait lacérer les vêtements des malheureux pour leur en enfoncer des lambeaux dans la bouche. Quelle est cette sauvagerie ? Permets-leur d'exhaler leur dernier souffle, laisse une issue à leur âme, qu'ils n'aient pas que leur blessure pour la rendre ! Il serait trop long d'ajouter que, la même nuit, il envoya des centurions tuer à domicile les pères des exécutés, les libérant ainsi, très obligeamment, de leur deuil ; car ce n'est pas la cruauté de Caligula que nous voulons décrire ici, mais celle de la colère. Elle, elle ne frappe pas seulement homme par homme, elle lacère des peuples entiers, elle flagelle des villes – et aussi des fleuves, et ce qui ne peut même pas sentir la douleur.

Ainsi, un roi des Perses coupa le nez à tout un peuple en Syrie, d'où le nom du lieu, Rhinocolura. Diras-tu qu'il fut doux avec eux en ne leur tranchant pas la tête ? Il se régala d'un châtiment inédit. Un sort semblable menaçait ces Éthiopiens qu'à cause de leur longévité on appelle les Macrobiens. Ils n'avaient pas accueilli une offre de servitude les mains jointes mais avaient fait à ses ambassadeurs une réponse d'homme libre (les rois disent : insolente). Cambyse tempêta et, sans ravitaillement, sans avoir reconnu l'itinéraire, il jeta dans des contrées arides, sans la moindre route, toute une foule de guerriers et de servants. Dès l'aller, elle manqua du nécessaire. Ce pays stérile, inculte, vierge de toute présence humaine, ne fournissait rien. Ils apaisèrent d'abord leur faim avec les frondaisons les plus tendres, les bourgeons des arbres, puis avec des cuirs qu'ils faisaient ramollir au feu et tout ce que la nécessité rendait comestible. Lorsque, dans les sables, les racines et l'herbe disparurent aussi et qu'il fut clair que le désert était vide même d'animaux, un soldat sur dix fut tiré au sort pour servir d'aliment pire que la faim. Voilà jusqu'où la colère avait précipité ce roi : il perdit une partie de son armée, il en mangea une autre, jusqu'au jour où il craignit d'être lui-même tiré au sort ; alors (enfin !), il donna le signal de la retraite. Et, pendant tout ce temps, on avait gardé pour lui des oiseaux de race, on avait transporté sur des chameaux tout le matériel des banquets, tandis que ses soldats tiraient au sort ou pour une mauvaise mort, ou pour une vie pire.

La colère de Cambyse visait un peuple inconnu qui ne la méritait pas, mais qui, tout de même, l'aurait sentie. Celle de Cyrus, un fleuve. Partant assiéger Babylone, il courait à la guerre – où tout dépend de la bonne occasion –, quand il voulut passer à gué le fleuve Gyndès en crue, alors que c'est à peine prudent lorsque l'été l'a réduit au plus bas. Or, l'un des chevaux blancs qui tiraient le char du roi fut emporté par le courant. Cyrus, bouleversé, fit serment de réduire ce fleuve qui avait enlevé son compagnon, à tel point que même des femmes pourraient le traverser à pied. Aussi concentra-t-il en ce lieu toutes ses forces militaires et les fit-il travailler d'arrache-pied très longtemps, jusqu'au jour où il put répandre de tous côtés les eaux du fleuve, réparties entre trois cent soixante ruisseaux par cent quatre-vingts canaux. Et il mit le Gyndès à sec en faisant couler ses eaux dans d'autres directions. Résultat : il perdit et du temps (grand dommage dans les grandes entreprises), et l'ardeur de ses soldats (brisée par tant d'efforts absurdes), et la possibilité de fondre sur ses adversaires avant qu'ils soient prêts, en faisant à un fleuve la guerre qu'il avait déclarée à l'ennemi. Cette folie furieuse (quel autre nom lui donner ?) frappa aussi des Romains. Caligula fit démolir une très belle villa d'Herculanum parce qu'à une époque sa mère y avait été prisonnière, et assura du même coup sa célébrité : quand elle était debout, nous naviguions devant sans la voir, alors que maintenant chacun demande pourquoi on l'a rasée.

Il faut méditer à la fois sur ces exemples à éviter et sur des exemples, à suivre, de modération et de douceur, sur des cas où ne manqueraient ni les raisons d'être en colère ni la puissance de se venger. Quoi de plus facile au roi Antigonos que de faire mettre à mort ces deux soldats qui, appuyés contre sa tente, faisaient la chose la plus risquée et la plus plaisante pour tous les hommes : dire du mal de leur roi ? Celui-ci ayant tout entendu – puisque entre les interlocuteurs et lui il n'y avait qu'une étoffe –, il secoua légèrement sa tente et leur dit : « Allez plus loin, le roi pourrait vous entendre. » Antigonos toujours, entendant une nuit certains de ses soldats vouer à mille morts le roi qui les avait plongés dans cette fange inextricable, s'approcha des plus mal lotis et, sans leur dire qui les aidait, les tira d'affaire, puis conclut : « Bon, maintenant, maudissez Antigonos qui vous a mis dans ce pétrin, mais bénissez celui qui vous en a sortis. » Le même roi supporta aussi paisiblement les agressions verbales de ses ennemis que celles de ses concitoyens. Des Grecs qu'il assiégeait dans un fortin – et qui s'en moquaient, sûrs que le site était inexpugnable – ne cessaient de plaisanter sur sa difformité physique, ridiculisant un jour sa petite taille, le lendemain son nez épaté : « Je suis bien content, dit-il. Tous les espoirs me sont permis si j'ai Silène dans mon camp. » Quand il eut dompté par la faim ces railleurs, voici ce qu'il fit des prisonniers : il enrôla dans ses troupes ceux qui pouvaient se battre, et vendit les autres aux enchères, en soulignant qu'il ne l'aurait pas fait s'il n'avait pas jugé que de si mauvaises langues avaient besoin d'un maître.

Son petit-fils, c'est Alexandre ; celui qui visait de sa lance ses compagnons de banquet, qui jeta deux amis, comme je l'ai dit plus haut, l'un à un fauve, l'autre à lui-même (des deux victimes, ce fut celle jetée au lion qui survécut !). Ce vice, il ne le tenait pas de son grand-père, mais pas de son père non plus, c'est certain. Car, si Philippe avait une vertu, c'était bien son sang-froid face à l'outrage, atout maître pour défendre un royaume. Démocharès (dit Parrhesiastès – le sans-gêne – pour son langage insolent et outré) s'était rendu auprès de lui au sein d'une délégation athénienne. Philippe la reçut avec bienveillance, puis demanda : « Dites-moi ce que je pourrais faire pour être agréable aux Athéniens. – Te pendre ! », lança aussitôt Démocharès. Branle-bas d'indignation autour du roi pour ce mot inhumain. Philippe fait alors taire tout le monde et renvoie ce Thersite sain et sauf. « Quant à vous, les autres délégués, ajoute-t-il, annoncez cette nouvelle aux Athéniens : ceux qui parlent ainsi sont bien plus arrogants que ceux qui les laissent parler impunément. »

Auguste le Divin a aussi fait et dit beaucoup de choses dignes de rester en nos mémoires, prouvant que la colère ne le dominait pas. L'historien Timagène avait médit de lui, de sa femme, de toute sa maison, et ses bons mots ne s'étaient pas perdus, car elle fait du chemin, elle vole sur toutes les lèvres, la plaisanterie lancée sans réflexion. L'empereur lui enjoignit à plusieurs reprises d'user plus modérément de sa langue, mais, comme il continuait, il lui interdit sa maison. Timagène vécut alors au foyer d'Asinius Pollion et tout Rome se l'arracha. Cette porte fermée lui avait ouvert toutes les autres. Il lut en public des histoires rédigées après la rupture, et jeta au feu les livres contenant les actes d'Auguste. Il se comportait ouvertement en ennemi personnel de l'empereur. Et personne n'avait peur de son amitié, personne ne le repoussait comme si la foudre l'avait frappé. Il se trouva des bras pour accueillir quelqu'un qui tombait de si haut. Auguste, je l'ai dit, ne s'en émut pas, même lorsqu'il s'en prit à ses éloges et à ses actes. Jamais il ne se plaignit à l'hôte de son ennemi. Il dit un mot, un seul, à Asinius Pollion : « *Thèriotropheis* » (tu nourris un monstre), et, sans laisser l'autre avancer une excuse, enchaîna : « Profites-en, mon cher Pollion, profites-en. » « Si tu l'ordonnes, César, je lui interdirai sur-le-champ ma maison », dit Pollion, mais Auguste : « Tu crois que je vais faire ça, alors que c'est moi qui vous ai réconciliés ? » C'est que Pollion, auparavant, était très monté contre Timagène ; il n'avait cessé de le détester que parce qu'Auguste avait commencé.

Donc que chacun se dise, chaque fois qu'on le provoque : Suis-je plus puissant que Philippe – que pourtant on a offensé impunément ? Ai-je plus de pouvoir sur ma maison que sur toute la terre Auguste le Divin – qui pourtant s'est contenté de couper les ponts avec son insulteur ? Pourquoi, moi, ferais-je expier par les fers et le fouet une réponse un peu trop hardie de mon esclave, un regard de révolte, un murmure qui ne parvient même pas jusqu'à moi ? Qui suis-je pour qu'il soit sacrilège d'offenser mes oreilles ? Beaucoup ont pardonné à leurs ennemis. Je ne pardonnerai pas aux paresseux, aux négligents, aux bavards ? L'excuse, pour les enfants, c'est l'âge ; pour les femmes, le sexe ; pour l'étranger, l'indépendance ; pour ceux qui vivent dans ta maison, l'intimité. Cette offense, est-ce sa première ? Pensons à tout le temps où il s'est montré agréable. Il est coutumier du fait ? Passons, puisque nous l'avons fait jusqu'ici. C'est un ami ? Ce n'était pas son intention, de nuire. C'est un ennemi ? C'était son rôle. Un sage ? Faisons-lui confiance. Un imbécile ? Laissons courir. Suivant le cas, répondons-nous : même les plus sages ont beaucoup failli ; nul n'est assez prudent pour que son attention ne soit parfois surprise ; nul n'a l'esprit assez posé pour qu'un incident ne le pousse jamais à un geste d'humeur ; nul ne craint assez les offenses pour ne pas les attirer en voulant les éviter.

Comme le faible se console dans ses malheurs en voyant chanceler aussi le sort des grands, comme il pleure son fils dans son coin avec moins de désespoir quand d'amères funérailles se déroulent aussi au palais, chacun supporte d'un cœur plus calme d'avoir été offensé ou méprisé, quand il lui vient à l'esprit qu'aucune puissance n'est assez grande pour ne jamais subir d'affront. Et si même les plus sages font le mal, qui n'aurait pas une bonne raison de s'égarer ? Souvenons-nous de notre jeunesse : comme elle fut peu enthousiaste pour ses devoirs, peu mesurée dans ses propos, peu tempérante dans le vin ! Il est en colère ? Laissons-lui le temps de mépriser ce qu'il a fait. Il se punira lui-même. Enfin, s'il nous doit quelque chose, ce n'est pas une raison pour solder nos comptes avec lui. Nul ne doute qu'il est hors du commun, qu'il est plus haut, l'homme qui répond par le dédain aux provocations. Le propre de la vraie grandeur est de ne pas sentir le coup. Le fauve gigantesque reste insensible à l'aboiement des chiens, la vague furieuse se brise sur l'énorme rocher. Celui qui ne s'emporte pas tient bon : l'affront ne l'atteint pas. Celui qui s'emporte est touché. Quant à l'homme que tout à l'heure j'ai placé au-dessus de toute atteinte, il a pris dans ses bras un bien suprême. Ce n'est pas seulement à l'adversaire qu'il répond, mais au destin lui-même : « Fais ce que tu veux, tu es bien trop petit pour obscurcir ma sérénité. La raison l'interdit, et je lui laisse le soin de diriger ma vie. La colère me ferait plus de mal que l'offense ; pourquoi ? parce que l'offense, je la connais, alors que la colère, je ne sais pas jusqu'où elle pourrait me conduire. »

– Je ne peux pas supporter ça. C'est trop lourd d'avaler un affront.

– Menteur ! On peut supporter l'affront si on peut supporter la colère ! En fait, tu supportes très bien les deux. Pourquoi tolères-tu la rage du malade, les discours du délirant, les mains effrontées de l'enfant ? N'est-ce pas parce que, de toute évidence, ils ne savent pas ce qu'ils font ? Qu'est-ce que ça change de savoir pourquoi ils sont sans cervelle ? Ils le sont, et ça les excuse tous au même titre.

– Alors quoi ? Il va rester impuni ?

– Même si tu le voulais, ce serait impossible. La pire punition du mal qu'on a commis, c'est de l'avoir commis, et personne n'est plus durement châtié que l'homme abandonné aux affres du remords. Et puis, pour juger équitablement de ce qui se passe, il faut tenir compte de la condition humaine. Ce n'est pas juste de reprocher un vice collectif à des individus. Quand les Éthiopiens sont ensemble, leur couleur n'a rien d'extraordinaire et, chez les Germains, des tresses de cheveux roux ne sont nullement anormales pour un homme. Aucun trait général dans un peuple ne peut être jugé remarquable ou honteux chez un individu. Or, les exemples que j'ai cités, un seul pays les défend, un seul coin de la terre. Qu'il est plus justifié de pardonner les traits communs à tout le genre humain ! Nous sommes tous irréfléchis et sans cervelle, pas fiables, râleurs, ambitieux, nous sommes – pourquoi devrais-je édulcorer mes mots pour cette plaie publique ? – tous mauvais. Tout ce que l'on désire punir chez un autre, chacun peut le trouver dans son cœur. Pourquoi remarques-tu qu'un tel est pâle, qu'un autre est maigre ? C'est une épidémie ! Soyons donc plus apaisés l'un envers l'autre : nous sommes mauvais entre des mauvais. Nous n'avons qu'un seul moyen d'être tranquilles : tolérons-nous mutuellement.

– Mais lui m'a déjà fait du mal alors que moi je ne l'ai pas encore touché.

– Mais tu as peut-être fait du mal à quelqu'un d'autre. Mais tu en fais, du mal. Ne pense pas à l'heure présente, à aujourd'hui. Examine le bilan global de ton esprit. Même si tu n'as pas fait le mal, tu peux le faire.

Il vaut mieux se guérir d'une offense que la venger. La vengeance fait perdre un temps considérable, elle expose à de multiples agressions en brûlant d'une seule. Nous demeurons en colère plus longtemps que nous ne souffrons. Le mieux à faire ? Se retirer dans l'autre sens, ne pas répondre au vice par le vice. Te semble-t-il sensé celui qui rend son coup de pied à la mule et sa morsure au chien ?

– Mais les bêtes ne savent pas qu'elles nous ont fait du mal.

– Donc, pour mériter le pardon, ce serait un handicap d'être un homme ? Quelle injustice ! Et si ce qui soustrait à ta colère les autres animaux, c'est qu'ils n'ont pas la raison, alors agis de même envers tout être auquel la raison fait défaut. Qu'importe puisqu'il se distingue par ailleurs des animaux sans langage, s'il a le trait qui excuse toutes leurs fautes : l'esprit dans le brouillard. Il a mal agi, soit. Est-ce la première fois ? La dernière ? N'en crois rien, même s'il dit : « Je ne le ferai plus » ; il refera du mal, et on lui en fera. Toute sa vie il sera ballotté dans les vagues de l'égarement. Traitons avec douceur ce qui est sans douceur. Cet argument, si efficace dans le deuil, employons-le aussi pour la colère : vas-tu t'arrêter un jour, ou jamais ? Un jour ? Qu'il est plus honorable de quitter sa colère que d'être quitté par elle ! Cet état tumultueux durera toujours ? Vois-tu quelle vie tu t'imposes ? Celle d'un homme qui ne cesse d'enfler ! Ajoute que, quand tu t'es bien embrasé toi-même, quand tu t'es répété les motifs qui t'ont piqué à vif, la colère s'en va toute seule, le temps la rend sans force. Il vaut bien mieux qu'elle soit vaincue par toi que par elle-même !

Tu te mets en colère contre celui-ci, puis contre celui-là ; contre tes esclaves, puis contre tes affranchis ; contre tes parents, puis contre tes enfants ; contre des gens que tu connais, puis contre d'autres que tu ne connais pas. Des motifs, il y en a à foison si l'esprit ne s'interpose pas. Ici la fureur te saisira pour ci, là-bas pour ça, et des stimulants nouveaux apparaîtront sans cesse pour la nourrir. Dis, malheureux : quand donc vas-tu aimer ? Quel temps précieux tu perds à des choses mauvaises ! Comme il eût mieux valu te faire des amis, apaiser tes ennemis, gérer les affaires de l'État, puis consacrer ton énergie aux tiennes, plutôt que de guetter l'occasion de nuire à quelqu'un, le moyen de t'en prendre à sa dignité, à son patrimoine, à sa personne. D'ailleurs tu n'y parviendras pas sans combat, sans danger, même en ferraillant avec un plus faible. Admettons qu'on te le livre enchaîné et que tu puisses lui faire subir n'importe quoi : souvent, celui qui frappe trop fort se déboîte une articulation ; on brise des dents mais on y laisse un nerf. La colère fait beaucoup de manchots, d'infirmes, même quand elle ne rencontre aucune résistance. Ajoute que rien n'est naturellement si fragile qu'il meure sans péril pour celui qui le brise : la douleur, le hasard mettent à égalité les faibles avec les forts. Et si je te disais que, dans la plupart de nos colères, nous sommes plus vexés que lésés ? Car il y a loin de l'homme qui me combat à celui qui me refuse son aide, de l'homme qui m'arrache quelque chose à celui qui ne veut pas me le donner. Et nous, nous le traiterions pareillement, qu'il ait pris ou refusé, qu'il ait balayé nos espoirs ou les ait différés, qu'il ait agi contre nous ou pour lui-même, par amour pour un autre ou par haine pour nous ? Les motifs de certains de nos adversaires ne sont pas seulement justes mais tout à leur honneur. Lui protège son père, lui son frère, lui sa patrie, lui son ami. Et pourtant, nous leur en voulons de faire ce que nous les mépriserions de ne pas faire – c'est à peine croyable : souvent nous disons du bien de l'acte et du mal de son auteur ! Mais, par Hercule, un homme juste et grand admire ses ennemis les plus courageux, les plus acharnés à combattre pour la liberté et le salut de leur patrie ; et il se souhaite à lui-même d'avoir un tel concitoyen, un tel soldat.

Quelle honte de haïr quelqu'un pour ses vertus ! Mais quelle plus grande honte encore de le haïr pour ce qui devrait faire pitié : si le prisonnier soudain tombé en esclavage conserve quelque trace de sa vie d'homme libre, si on ne le voit pas courir avec entrain aux besognes sordides où il va s'épuiser, si, rendu indolent par son passé d'oisif, il ne va pas assez vite pour se maintenir au niveau de la voiture et du cheval du maître, si des veilles trop longues, chaque jour répétées, l'exténuent et le font plier sous le sommeil, s'il répugne au travail des champs, ou s'il ne montre guère de cœur à l'ouvrage lorsqu'on le transfère du paisible service en ville au dur labeur. Sachons voir s'il ne peut pas ou ne veut pas. Beaucoup seraient blanchis si nous voulions d'abord en juger avant de nous mettre en colère. Mais non ! Nous suivons notre premier mouvement, et ensuite, si infondée qu'ait été notre rage, nous nous y accrochons pour ne pas voir en face qu'elle est née sans motif. Et – comble d'injustice – plus elle est injuste, plus nous nous acharnons ; car nous la prolongeons et nous l'intensifions, comme si sa violence pouvait la justifier !

Il vaut mieux regarder la cause. Comme elle est mince, comme elle est anodine ! Ce que tu vois chez les animaux sans langage, tu le surprendrais tout aussi bien chez l'homme. Nous nous énervons pour très peu ; pour un rien. Le taureau c'est la couleur rouge qui l'excite, l'aspic attaque l'ombre, la cape met hors d'eux les lions et les ours. Tout ce que la nature compte de bêtes fauves et d'animaux féroces s'affole pour des bêtises. C'est la même chose pour les esprits agités et bornés : l'apparence les blesse. C'est si vrai que parfois ils voient comme une offense un cadeau trop petit (source d'innombrables colères, et pas des moindres). Nous nous emportons contre ceux que nous aimons le plus parce qu'ils nous ont donné moins que nous n'attendions ou moins qu'à d'autres. Dans les deux cas, pourtant, le remède était tout prêt. Il a plus choyé l'autre ? Ne faisons pas de comparaison et nous prendrons plaisir à ce que nous avons. Il ne peut être heureux, celui que le bonheur du plus heureux torture. J'ai moins que je ne l'espérais ? Mais peut-être espérais-je plus que je ne devais. Nous sommes là en pleine zone de danger maximal, où naissent les colères les plus dévastatrices, prêtes à violer ce qu'il y a de plus sacré. Parmi les assassins du divin Jules César, les ennemis étaient moins nombreux que les amis dont il avait déçu les espoirs insatiables. Il avait fait son possible, pourtant, et jamais homme n'usa plus généreusement de sa victoire, ne réclamant pour lui qu'un seul pouvoir : donner. Comment aurait-il pu assouvir des désirs aussi démesurés, quand ils convoitaient tous ce qu'un seul pouvait recevoir ? Voilà pourquoi, autour de sa litière, il vit les glaives nus de ses compagnons d'armes, de Tillius Cimber, récemment encore l'un de ses plus chauds partisans, et autres pompéiens du lendemain, d'après Pompée. Voilà ce qui retourne contre les rois les armes de leur propre garde, ce qui pousse leurs plus loyaux serviteurs à méditer la mort de ceux pour qui ils ont fait serment de mourir.

S'il regarde ce qu'ont les autres, nul ne sourit à ce qu'il a. Et voilà que nous maudissons jusqu'aux dieux mêmes parce qu'un tel nous précède, oubliant tous ceux qui sont derrière et quelle gigantesque vague de jalousie suit dans son dos celui qui ne peut envier que quelques-uns. Mais l'homme a un caractère si exécrable que, si largement qu'il ait été servi, il y voit une offense parce qu'il aurait pu recevoir davantage. « Il m'a donné la préture, moi j'espérais le consulat. – Il m'a donné les douze faisceaux, mais ne m'a pas fait consul ordinaire. – Il a bien voulu donner mon nom à cette année, mais pour le sacerdoce il m'a laissé tomber. – Je suis élu dans un collège sacerdotal, mais pourquoi dans un seul ? – Il m'a donné tous les honneurs, mais, mon patrimoine, il l'a oublié. – Ces terres qu'il m'a offertes, il fallait bien les donner à quelqu'un. Mais, sur ce qui est vraiment à lui, point de cadeau. » Sois donc reconnaissant de ce que tu as eu ! Et pour le reste, attends, et sois heureux de n'être pas déjà comblé de tout ! Qu'il reste quelque chose à espérer fait partie des plaisirs. Tu as surpassé tout le monde : réjouis-toi d'être le premier dans un cœur qui t'aime. Beaucoup te surpassent : pense à quel point ils sont plus nombreux derrière toi. Tu veux savoir quel est ton principal défaut ? Tu ne sais pas compter : tu mets trop haut ce que tu donnes et trop bas ce que tu reçois.

Qu'un motif approprié à chaque cas nous retienne de nous mettre en colère : la peur, ou le respect, ou le dédain. Bel exploit, assurément, d'avoir jeté au cachot un pauvre petit esclave ! Pourquoi se presser, frapper sur l'heure, briser aussitôt les jambes ? Le *pouvoir* de le faire ne va pas s'évanouir si l'on attend un peu. Laissons venir le temps où nous serons maîtres de nous. Pour l'instant, c'est la colère qui parle par notre bouche. Quand elle sera partie, nous verrons à combien il faut estimer cette peine. Notre erreur essentielle : nous allons droit au fer, à l'exécution capitale, nous traitons par les chaînes, la prison, la privation de nourriture, ce qu'il faudrait punir plus légèrement, par quelques coups de fouet.

– Et qu'est-ce que tu prescris, pour nous faire sentir à quel point ce qui nous semble une agression n'est que bagatelle, mesquinerie et enfantillage ?

– Rien d'autre que d'avoir l'esprit large et, ce qui nous fait guerroyer, courir en tout sens, perdre haleine, voir à quel point c'est bas, abject, indigne d'être pris en considération par quiconque pense haut et grand.

C'est à propos d'argent, surtout, qu'on vocifère. L'argent épuise les juges, fait se battre les fils contre les pères, prépare les poisons, tend leurs glaives aux assassins et aux légions. Il est gorgé de notre sang. A cause de lui, les nuits des maris et des femmes résonnent de disputes et la foule se presse devant les tribunaux, les rois massacrent, pillent et renversent des États édifiés par la peine des hommes au cours des siècles pour chercher l'or dans les cendres des villes. Vois ces paniers de pièces, là par terre, dans le coin : c'est pour eux que l'on crie à s'arracher les yeux, que les basiliques bourdonnent de procès, que des juges venus du bout du monde siègent pour décider quelle cupidité est la plus juste. Et, parfois, ce n'est même pas pour un panier, mais pour une poignée de piécettes de cuivre, pour un denier compté en trop par un esclave, qu'un vieillard qui doit mourir sans héritier crève à force de bile ! Parfois encore, pour un millième d'intérêt, un usurier malade, aux pieds difformes et dont les mains ne peuvent plus rien tenir, hurle et par des assignations revendique son dû dans les hoquets mêmes de sa maladie ! Si tu m'amenais toutes les richesses extraites de toutes les mines que nous creusons plus ardemment que jamais, si tu y ajoutais tout ce que dissimulent les trésors – puisque l'avarice enfouit sous la terre ce qu'elle en a si tristement sorti –, je ne pense pas qu'un homme de bien trouve ce gros tas digne seulement d'un haussement de sourcil. Comme elles devraient nous faire rire, ces choses qui nous arrachent des larmes !

Vas, ris aussi du reste – les petits plats, les vins fins et le faste qu'on leur consacre, les élégances, les insultes, les gestes d'outrage, les chevaux rétifs, les esclaves paresseux, les soupçons, les interprétations malveillantes des propos des autres, qui font compter chez l'homme le don du langage au nombre des fléaux naturels : elles pèsent peu, crois-moi, les choses qui nous embrasent à ce point ! Pas plus que les enjeux des chamailleries de nos enfants. Dans tout ce que nous faisons d'un air si grave, il n'y a rien de sérieux, rien de grand. La colère et la folie, je vous le dis, vous viennent parce que vous estimez très haut le tout petit. Celui-ci a voulu me prendre un héritage ; celui-là m'a perdu auprès de gens chez qui je m'efforçais, de longue date, d'en capter un, en attendant leur dernière heure ; cet autre a désiré ma maîtresse, et alors ce qui devrait créer un lien d'amour, vouloir la même, est un motif de discorde et de haine. Le sentier trop étroit excite les querelles entre passants ; la route, vaste, et qui s'ouvre largement, ne provoque aucun heurt même entre des peuples. Tout ce à quoi vous aspirez est étriqué, ne peut être à l'un sans qu'on le prenne à l'autre ; et ceux qui ont des vues sur les mêmes choses sont poussés à se quereller et à se battre.

Tu t'indignes que ton esclave t'ait répondu – ou ton affranchi, ta femme, ton client. Et après, tu protestes parce qu'on a supprimé dans la République cette liberté que tu as supprimée chez toi. Reviens l'interroger. Il se tait ? Tu appelles ça de la révolte. Et révolte qu'il parle, qu'il se taise ou qu'il rie !

– Devant le maître !

– Devant le père de famille. Pourquoi hurler ? Pourquoi vociférer ? Pourquoi, en plein repas, demander le fouet parce que les esclaves parlent, parce qu'il ne peut pas y avoir, au même endroit, la cohue de l'assemblée et le silence du désert ? Si tu as des oreilles, ce n'est pas seulement pour percevoir de tendres mélodies, de la musique douce et bien composée ; il te faut entendre les éclats de rire et les sanglots, les flatteries et les invectives, les cris de joie et de douleur, les voix humaines et le grondement ou l'aboiement des animaux. Pourquoi tressaillir, malheureux, pour un esclave qui crie, un bronze qui résonne, une porte qui claque ? Si délicat que tu puisses être, il te faudra entendre le tonnerre. Et ce que je dis des oreilles est aussi vrai des yeux, qui font aussi les dégoûtés quand on les habitue mal. Ils s'offusquent de la tache, des ordures, de l'argenterie mal polie, du bassin qui n'est pas transparent au soleil. Et pourtant, ces yeux-là, qui ne supportent le marbre que s'il est tacheté, s'il brille parce qu'on vient de le frotter, la table que si de multiples veines l'agrémentent, le sol que s'il est plus précieux que l'or, ces yeux, dis-je, regarderont dehors, sans trouble, les sentiers raboteux et fangeux, les passants souvent négligés, les murs des grands immeubles, rongés, lézardés, rugueux. Pourquoi donc ce qui ne les choque pas dans la rue le fait-il chez eux ? Pour une seule raison, leur façon de le voir : calme et tolérante dehors, morose et agressive dedans.

Tous les sens doivent être endurcis. Ils seraient d'eux-mêmes naturellement solides si l'esprit cessait de les corrompre – et, chaque jour, il faut lui demander des comptes. C'est ce que faisait Sextius : sa journée achevée, quand il se recueillait au calme de la nuit, il interrogeait son esprit : « Lequel de tes maux as-tu guéri aujourd'hui ? A quel vice as-tu barré la route ? Sous quel angle es-tu meilleur ? »

La colère cessera ou baissera d'un ton, si elle sait qu'elle doit être quoditiennement traduite au tribunal. Quoi de plus beau que cet usage de passer en revue toute sa journée ? Quel doux sommeil suit cet examen de soi-même ! Qu'il est tranquille, libéré, profond, quand l'esprit s'est félicité ou mis en garde, quand, observateur et censeur secret de lui-même, il a jugé ses propres mœurs. J'use de ce pouvoir et, chaque jour, je plaide ma cause auprès de moi. Quand la lampe est éteinte, quand ma femme se tait, car elle connaît maintenant mon habitude, je scrute ma journée entière et je mesure de nouveau, dans mon esprit, mes propos et mes actes. Je ne me cache rien, je n'omets rien. Qu'ai-je à craindre en effet de mes égarements puisque je peux me dire : « Veille à ne pas aggraver ça ; pour le moment, je te pardonne. » « Dans ce débat tu as été trop agressif ; après ça, ne va plus ferrailler contre des ignorants ; ceux qui n'ont jamais rien appris, c'est qu'ils ne veulent pas apprendre. » « Tu as trop pris plaisir à lui faire la leçon ; donc, au lieu de le corriger, tu l'as blessé ; dorénavant, veille non seulement à dire le vrai, mais à savoir si ton interlocuteur peut l'entendre. L'homme droit est heureux qu'on le mette en garde, mais le mauvais le supporte très mal. »

Dans les banquets, les fines plaisanteries de certains, les mots qu'ils ont jetés sur ta douleur à vif t'ont fait mal. Souviens-toi d'un conseil : évite de te trouver en mauvaise compagnie. Quand ils ont bu, ces gens-là se permettent plus que les autres, puisque sobres, ils n'ont déjà pas beaucoup de délicatesse. Tu as vu ton ami en rage contre le portier d'un avocaillon ou d'un riche qui ne l'a pas laissé entrer – et toi-même, pour lui, te voilà en colère contre le dernier des esclaves ! Vas-tu donc t'emporter aussi contre le chien de garde ? Même lui, après avoir furieusement aboyé, s'adoucira si tu lui mets de la nourriture sous le nez ! Allez, passe ton chemin et ris ! Celui-ci se croit quelqu'un parce qu'il garde la porte qu'assiège une foule de plaideurs ; celui-là, à l'intérieur, heureux et fortuné, s'imagine que c'est une marque de prospérité et de puissance qu'une porte difficile à passer. Il ne sait pas que la plus rigide de toutes est celle de la prison. Informe d'avance ton esprit que tu vas avoir à supporter bien des choses. Qui s'étonne d'avoir froid en hiver, de souffrir du mal de mer quand il navigue, d'être secoué sur la route ? L'esprit affronte avec courage ce à quoi on l'a préparé. On te dirige, à la table, vers une place insuffisamment prestigieuse, et tu sens monter ta colère contre l'hôte, contre l'esclave qui a fait les invitations, contre le convive qu'on te préfère. Fou que tu es ! Qu'est-ce que ça change, le côté du lit où tu te couches ? Ce qui peut te rendre plus noble ou plus vil, c'est un coussin ? Tu as regardé de travers celui qui a dénigré tes talents. Tu trouves ça logique ? Alors, Ennius, qui te laisse froid, te haïrait, Hortensius se brouillerait avec toi et Cicéron, dont les poèmes te font rire, serait ton ennemi. Veux-tu bien, candidat, accepter sereinement le vote ?

Quelqu'un t'a fait injure. Est-elle pire que celle que dut subir Diogène, le philosophe stoïcien ? Il était lancé dans un morceau de bravoure sur la colère quand un jeune insolent lui cracha au visage. Diogène réagit avec douceur et sagesse : « Eh bien, non : je ne me mets pas en colère. Je me demande quand même s'il n'y aurait pas de quoi. » Notre Caton fit mieux. Il était en train de plaider quand Lentulus – un factieux et un nerveux selon ses contemporains – retint la salive la plus épaisse qu'il put et la lui cracha en pleine figure. Caton s'essuya le visage et lança : « Je certifierai à tous, Lentulus, qu'ils se trompent, ceux qui disent que tu n'as pas de bouche. »

A nous, désormais, Novatus, de bien disposer notre esprit : qu'il ne ressente pas la colère ou se montre plus fort qu'elle. Voyons maintenant comment adoucir celle d'un autre, car nous ne voulons pas seulement être en bonne santé, mais guérir.

La colère à ses débuts, nous n'oserons pas la frôler avec des mots. Elle n'a ni oreilles ni cerveau. Abandonnons-lui le terrain ! Les remèdes n'agissent que dans les moments de rémission. Quand les yeux sont en feu, nous n'allons pas les exciter en les faisant bouger, sous prétexte de jauger leur raideur ! Il en va de même pour toutes les autres affections dans leur phrase aiguë. Les débuts des maladies, c'est le repos qui les soigne.

– Il ne va pas servir à grand-chose, ton remède, s'il n'apaise la colère que lorsqu'elle cesse d'elle-même !

– D'abord, mon remède la fait cesser plus vite. Ensuite, il prend soin qu'il n'y ait pas de rechute. Quant au premier élan qu'il n'ose adoucir, il le dupe : il va ôter tous les instruments de vengeance ; il va lui-même simuler la colère pour avoir plus d'autorité dans les conseils en tant qu'auxiliaire et ami du ressentiment ; il va lui créer retard après retard et, en réclamant un châtiment plus dur, différer l'action immédiate. Tous les moyens lui seront bons pour mettre en repos la fureur. Si elle est trop violente, il tâchera d'éveiller la honte ou bien la peur. Si elle est plus faible, il la combattra en parlant d'autre chose – de sujets plaisants ou de nouveautés qui piqueront la curiosité. Un médecin devait soigner la fille d'un roi et ne le pouvait sans le fer ; alors qu'il humectait délicatement la tumeur du sein, il y plongea le scalpel caché dans une éponge. La jeune fille, qui aurait repoussé ce remède si elle l'avait vu venir, supporta la douleur parce qu'elle ne s'y attendait pas. On ne peut guérir certains maux qu'en les trompant.

Tu diras à l'un : « Attention, ta colère pourrait faire le jeu de tes ennemis. » A l'autre : « Prends garde de ne pas détruire ta solide réputation de sagesse et de force. Oui, je suis hors de moi, par Hercule ! Oui, vraiment ma rage est sans bornes ! Mais il faut attendre le moment propice ; il viendra et l'autre aura ce qu'il mérite. N'oublie pas ça, surtout. Quand tu pourras, tu le lui feras payer cher, et avec des indemnités de retard ! » Car punir l'homme en colère, s'emporter contre lui encore plus fort que lui, ne fait que l'exciter. Aborde-le de diverses façons et cherche à le calmer, sauf peut-être si tu as toi-même assez de poids pour briser sa colère, comme le divin Auguste fit chez Vedius Pollion. L'un de ses esclaves ayant brisé une coupe de cristal, Vedius ordonna qu'on l'emmène et qu'on le tue, d'une façon peu ordinaire en vérité : en le jetant à des murènes géantes qu'il gardait dans un vivier. (On aurait cru que c'était par goût du luxe qu'il les élevait ; pas du tout, c'était par cruauté.) Le petit échappa aux mains qui l'empoignaient et vint se réfugier aux pieds de l'empereur présent, ne demandant rien qu'un autre genre de mort : ne pas servir de pâture aux murènes. Révolté par cette cruauté inédite, Auguste fit relâcher l'esclave, briser tout le cristal devant lui et combler le vivier. C'était son rôle d'empereur de châtier ainsi son ami : il fit un bon usage de sa puissance. « Tu ordonnes d'enlever des hommes en plein banquet pour les faire déchiqueter dans un supplice d'un genre nouveau ? Ta coupe est brisée, les entrailles d'un homme doivent être déchirées ? Es-tu si imbu de toi-même que tu condamnes à mort là où est l'empereur ? » Qu'il la fustige ainsi, l'homme assez puissant pour attaquer la colère de si haut – mais seulement si c'est une colère proche de celle dont je viens de parler : sauvage, immonde et sanguinaire, désormais incurable si une force supérieure ne l'effraie pas.

Apaisons notre esprit. Nous lui donnerons la paix en méditant quotidiennement sur les préceptes salutaires, en faisant le bien, en tournant notre intelligence vers un seul désir : la droiture. Faisons tout pour notre conscience, rien pour notre réputation : peu importe qu'elle soit mauvaise ; ce qui compte, c'est d'en mériter une bonne.

– Mais dans la vie on admire les gagneurs, on honore les fonceurs, et on considère les calmes comme des mollusques.

– A première vue, peut-être. Mais, quand le courant régulier de leur vie prouve qu'ils n'ont pas l'esprit faible mais apaisé, ce même peuple les vénère et les honore. Donc, elle n'a rien d'utile, cette passion hideuse et ennemie, au contraire, elle est porteuse de tous les maux : le fer, le feu. Elle a foulé au pied le sens moral, elle s'est sali les mains dans les massacres, elle a jeté au vent les membres de ses enfants, elle n'a laissé aucune terre vierge de crimes ; elle ne sait plus ce qu'est la gloire, l'infamie ne lui fait pas peur, et la colère durcie en haine est incurable.

Vidons-nous de ce vice, purgeons-nous-en l'esprit, extirpons ses racines qui, si ténues soient-elles, renaissent partout où elles se sont accrochées ! La colère, ne la modérons pas (qu'est-ce donc que la juste mesure d'un mal ?), balayons-la ! Nous y arriverons ; il suffit d'y travailler. Et rien ne sera plus utile à cet effort que de nous souvenir que nous sommes mortels. Que chacun pense en soi-même et dise à l'autre : « Quel plaisir de “ déclarer des colères ” comme si nous étions éternels, et de perdre une vie si courte ? Ces jours que nous pouvions passer agréablement, honorablement, quel plaisir de les consacrer à faire souffrir, à torturer quelqu'un ? C'est un vain sacrifice. On n'a pas le temps de perdre du temps. Pourquoi courons-nous au combat ? Pourquoi cherchons-nous le conflit ? Pourquoi, oublieux de notre faiblesse, chargeons-nous d'immenses haines sur nos épaules ? Nous que l'on peut briser, pourquoi nous dressons-nous pour briser ? Déjà ces querelles que nous poursuivons avec une rigueur implacable, la fièvre ou quelque autre mal nous empêchent de nous en occuper. Déjà, la mort s'interpose entre les duellistes les plus acharnés et les sépare. Pourquoi faisons-nous tout ce bruit, jouons-nous les fauteurs de trouble dans notre propre vie ? Le destin est là au-dessus de nos têtes ; il a fixé le jour de notre mort, qui arrive, plus près, plus près. Cette heure que tu consacres à la mort d'un autre, peut-être est-ce l'une des dernières qui te restent. »

Que ne préfères-tu cueillir ta courte vie et la garder paisible pour toi et pour les autres ? Pourquoi ne pas te faire aimer de tous vivant, et regretter de tous quand tu ne sera plus ? Pourquoi essaies-tu d'écraser de toutes tes forces cet homme qui aboie contre toi, cet être vil et méprisé, mais mordant et pénible avec ses supérieurs ? Contre ton esclave ou ton maître, contre ton roi ou ton client, pourquoi t'encolères-tu ? Patiente un peu : la mort arrive, elle vous mettra au même niveau. Dans les matinées, aux arènes, on voit souvent se battre un taureau et un ours liés entre eux par une corde : tandis qu'ils se déchirent l'un l'autre, l'homme qui les achèvera attend. Nous faisons pareil : nous assaillons quelqu'un à qui nous sommes liés par une corde alors que la fin est proche et même très proche, pour le vaincu comme pour le vainqueur. Vivons plutôt tranquilles, apaisés, le peu de temps qui nous reste. Que notre cadavre ne soit exécré par personne ! Souvent, quand on crie : « Au feu ! », dans le quartier, la bagarre s'arrête ; le fauve qui bondit réconcilie voyageur et voleur. On n'a pas le temps de se colleter avec de petits problèmes quand un danger supérieur apparaît. Qu'avons-nous à faire de batailles, d'embuscades ? Celui contre qui tu t'emportes, lui souhaites-tu pire que la mort ? Même si tu ne fais rien, il va mourir. Tu te fatigues inutilement : tu veux faire ce qui adviendra.

– Je ne veux pas forcément le tuer, mais qu'il soit condamné à l'exil, à une peine infamante, à des dommages et intérêts !

– Je trouve plus pardonnable de souhaiter à son ennemi une blessure qu'un bobo : c'est d'un esprit non seulement haineux mais mesquin. Que tu penses au dernier supplice ou à des peines plus légères, qu'il sera court, l'instant où lui va en souffrir et toi le regarder avec une joie mauvaise. Déjà nous expirons. Tant que nous respirons, tant que nous sommes parmi les hommes, soyons humains. N'intimidons personne ! Ne menaçons personne ! Torts, affronts, insultes et railleries, méprisons tout cela, supportons, l'esprit haut, ces ennuis d'un moment ! Quand nous regardons derrière nous, comme on dit, quand nous nous retournons, déjà, la mort est là.

LA CLÉMENCE

PROLOGUE

Ce livre sur la clémence, Néron César, je l'ai écrit pour te servir en quelque sorte de miroir, où tu pourras te voir toi-même atteindre la plus haute des joies. Oui, la vraie récompense de nos belles actions c'est de les avoir faites. Oui, les vertus n'ont pas de rétribution digne d'elles hors leur propre existence. Mais quelle volupté de plonger tes regards dans ta conscience bonne, d'en faire bien le tour, puis de te retourner vers cette foule immense, déchirée de conflits, soulevée de factions, incapable de mettre un frein à ses passions – et qui, le jour où elle aura brisé ton joug, s'élancera d'un bond à la destruction des autres et à la sienne ; et alors, de te dire :

Est-ce moi que l'on a, entre tous les mortels, désigné et choisi pour exercer sur terre la puissance des dieux ? Moi. Je décide la vie et la mort des nations. Le rang et le statut de chacun, quels qu'ils soient, je les tiens dans ma main. Tout ce que la Fortune souhaite réserver à chacun des mortels, elle le dit par ma bouche. C'est dans notre réponse que peuples et cités apprennent leur bonheur. Nulle terre, nulle part, ne sera florissante hors de ma volonté et de ma bienveillance. Et ces épées que par milliers et par milliers ma Paix enferme en leur fourreau, un seul signe de tête et les voilà brandies. Quelles nations exterminer de fond en comble, lesquelles déporter, lesquelles libérer et lesquelles asservir, quel roi réduire en esclavage, quelle tête orner d'une couronne, quelles villes s'écroulent et quelles autres naissent, à moi d'en décider. Avec cette puissance immense sur les choses, rien n'a pu me contraindre à d'injustes supplices, ni la colère, ni la fougue de la jeunesse, ni cet esprit aveugle et rebelle des hommes qui chasse la patience des cœurs les plus paisibles, ni même cet orgueil – monstrueux, mais fréquent dans l'histoire des empires – qui veut prouver sa force en semant la terreur. Le fer, moi, je le rentre – mieux : je le mets sous clef. Je suis extrêmement économe du sang, même du plus négligeable. Nul, s'il n'a d'autre titre, ne se prévaut en vain devant moi d'être un homme. Ma rigueur, je l'éloigne ; ma clémence, je la tiens toujours prête à servir. Je surveille mes actes, comme si j'allais devoir en rendre compte devant ces Lois qui croupissaient dans les ténèbres et que j'ai rappelées à la lumière. L'un m'a touché parce qu'il était très jeune, un autre parce qu'il était très vieux. J'ai acquitté cet homme pour sa dignité, cet autre pour son humilité. Chaque fois que je n'ai trouvé aucune raison de faire grâce, c'est moi-même que j'ai épargné. Aujourd'hui, si les dieux immortels me demandent de leur compter les hommes un par un, je suis prêt.

Tu peux le proclamer bien haut, César : tout ce qui est sous ta protection et tutelle s'y trouve en sûreté, et tu n'as rien tenté, par force ni par ruse, contre la République. Tu as voulu pour toi l'éloge le plus rare, qu'aucun prince n'avait obtenu jusqu'ici : « Il règne innocemment. » Elle n'œuvre pas en vain, ta bonté singulière, et ne va pas à des ingrats, à des indifférents. On te renvoie ta bienveillance. Jamais homme ne fut plus cher à un autre homme que tu ne l'es au peuple romain tout entier, toi, son bien le plus grand qu'il va garder longtemps. Mais tu t'es imposé un fardeau écrasant. Car nul ne parle plus d'Auguste le Divin, ni des premiers moments de l'empereur Tibère. Nul ne te cherche plus d'autre modèle que toi : ton principat, on l'exige du goût des premières gorgées qu'on en a buees. la chose eût été difficile, si la bonté n'était pas chez toi naturelle, si ce n'était qu'option de circonstance : personne ne peut porter longtemps un masque. Les traits de caractère dont on s'affluble ont tôt fait de laisser la place au naturel. Mais ceux qui sont réels, et qui, si j'ose dire, s'appuient sur du solide, grandissent et s'améliorent avec le temps qui passe. Quelle énorme inconnue pour le peuple romain quand il ne savait pas où ta forte nature allait te diriger ! Désormais, les souhaits publics sont en lieu sûr : nul danger que, soudain, tu ne t'oublies toi-même ! Quand l'homme est trop heureux, il veut l'être encore plus, et jamais nos désirs ne se limiteront à ce que notre chance nous aura procuré. Celui qui voyait grand verra plus grand encore, et les espoirs les plus extravagants soulèvent l'homme qui vient d'atteindre un but inespéré. Et pourtant, aujourd'hui, les citoyens romains reconnaissent deux choses : ils sont heureux, et rien ne pourrait plus accroître leur bonheur – qu'ils voudraient éternel. Cet aveu, que l'homme a toujours eu le plus grand mal à faire, bien des réalités l'arrachent à leur cœur : une sécurité profonde et générale, la victoire du droit contre toute injustice ; puis – chacun peut le voir – la forme de gouvernement la plus féconde : la République y a toutes les libertés, sauf le droit de courir à sa perte ; mais, ce qui saute aux yeux, tant chez les plus puissants que chez les plus petits, c'est l'admiration qu'on voue à ta clémence. Tes autres bienfaits, comprends-tu, chacun les goûte à proportion de sa fortune. L'un en attend beaucoup et l'autre moins. Mais ta clémence, tous en espèrent la même chose. Et nul n'est assez sûr de sa propre innocence pour ne pas se féliciter que la Clémence reste là, bien en vue, face à l'erreur humaine.

Il y a, je le sais bien, quelques auteurs qui pensent que la Clémence sert à soutenir la pègre, puisqu'elle n'a aucun sens s'il n'y a pas eu de crime : de toutes les vertus, ce serait bien la seule impossible à pratiquer entre innocents. Mais tout d'abord, de même que l'art du médecin, s'il ne sert qu'aux malades, jouit d'un grand prestige auprès des bien-portants, de même la Clémence, si elle est invoquée par celui qui devrait subir un châtiment, est aussi en honneur auprès des innocents. Et d'ailleurs, elle peut aussi leur être utile : parfois le sort des armes fera d'eux des coupables. Et ce n'est pas seulement l'innocence qu'elle sauve, c'est aussi la vertu : on sait qu'il y a des circonstances où des actes qu'on devrait admirer sont punis. Ajoute qu'une bonne proportion des coupables peuvent, si tu leur pardonnes, retrouver l'innocence. Non qu'il faille pardonner sans discrimination, car, là où l'on efface toute démarcation entre bons et méchants, la confusion s'en suit et les vices se ruent. Voilà pourquoi il faut une modération qui sache distinguer l'esprit qu'on peut guérir du cas désespéré. La clémence ne doit être ni générale, massive, ni toute refoulée. Il est aussi cruel de pardonner à tous que de n'épargner personne. Nous devons mesurer. Mais, comme le dosage est souvent difficile, si quelque chose doit être un peu en excédent, que ce soit la composante la plus humaine.

Mais cela, nous en parlerons mieux tout à l'heure. Le sujet sera traité en trois parties. La première sera sur Néron au cœur d'or ; la seconde montrera la nature profonde et les formes extérieures de la clémence, car, puisque certains vices imitent les vertus, on ne peut les en distinguer si l'on n'a pas assimilé les signes qui permettent de faire la différence ; et, en troisième lieu, nous nous demanderons comment l'esprit est amené à cette vertu, comment il l'affermit, puis, en la pratiquant, parvient à la faire sienne.

PREMIÈRE PARTIE

Écrire sur la clémence, Néron César, un mot de toi, un seul, m'y a surtout poussé. Ce n'est pas sans admiration, je m'en souviens, que je l'ai entendue, puis répétée à d'autres, cette noble parole, issue d'un esprit grand, d'une grande douceur, qui soudain a jailli – tout à fait spontanée, non pour la galerie – et a mis sous nos yeux le choc de ta bonté et de ta destinée. Comme il avait deux brigands à punir, ton préfet du prétoire, Burrhus, cet homme hors du commun et né pour te servir, te demandait d'inscrire leurs noms et les motifs pour lesquels tu les vouais au châtiment. Bien des fois tu avais différé cet acte, et, pour que tu l'accomplisses enfin, il insistait. Aussi mal à l'aise que tu l'étais toi-même, il t'avait apporté la feuille de papyrus, te l'avait mise en main, et tu t'es écrié : « Je voudrais ne pas savoir écrire ! » Ô la grande parole, digne d'être entendue de toutes les nations qui peuplent notre empire, de celles qui le jouxtent, en liberté fragile, et de celles qui le combattent avec leurs armes ou dans leurs cœurs. Mot qu'il faudrait porter à l'assemblée générale des mortels, qu'il faudrait faire jurer aux princes et aux rois. Mot digne d'une humanité innocente, auquel il faudrait rendre notre antique âge d'or. Oui, c'était le moment où tous allaient s'unir pour le juste et le bien, chasser la convoitise de ce qui est à l'autre, mère de tous les maux qui naissent dans l'esprit, rétablir le devoir d'aimer, l'intégrité, avec la loyauté, le sens de la mesure – où les vices assouvis par leur règne trop long cédaient la place, enfin, au siècle heureux et pur.

Cela sera, César, largement accompli, nous pouvons l'espérer en toute confiance. On se la transmettra, cette mansuétude que tu as dans le cœur, et, petit à petit, elle va se répandre dans l'ensemble du corps prodigieux de l'empire, où toute chose prendra forme à ton image. C'est de la tête que la bonne santé descend dans les autres parties du corps. Toutes sont vigoureuses et fermes, ou languissantes, selon que l'esprit vit ou bien qu'il périclite. Demain les citoyens, demain les alliés seront dignes de ta bonté et, sur toute la terre, les vertus reviendront. Le besoin de frapper te sera épargné.

Laisse-moi m'attarder plus longtemps sur ce point. Non pour offrir des mots flatteurs à tes oreilles (car ce n'est pas mon style : j'aimerais mieux choquer avec des vérités que de plaire par des discours adulateurs). Alors pourquoi ? D'abord, pour que tes actes et propos vertueux te soient bien familiers – c'est ce que je souhaite. Puis, pour que ce qui est chez toi, jusqu'à présent, naturel, instinctif, devienne raisonné. Je m'en suis rendu compte : bien des fortes paroles au sens abominable sont reçues dans la vie comme des vérités. Mots célèbres qu'on entend partout répéter, comme la phrase fameuse : « Qu'ils me haïssent, pourvu qu'ils me craignent ! », ou le vers grec semblable : « Après moi, que la terre s'embrase dans les flammes ! » et d'autres du même acabit. Je ne sais trop pourquoi des talents plus féconds ont donné aux idées immondes et odieuses la frappe de sentences énergiques, exaltantes. Je n'ai pas entendu de vibrante formule, jusqu'ici, pour vanter le bien et la douceur. Quelle autre raison ai-je encore ? Parce que très rarement, contre ton sentiment, après avoir bien hésité, il te faudra parfois tracer les mots terribles qui t'ont fait souhaiter ne pas savoir écrire – mais comme tu le fis alors, après bien des hésitations, bien des retards.

DEUXIÈME PARTIE

Afin que, quelquefois, le beau nom de clémence n'aille nous égarer, peut-être, en son contraire, voyons donc ce qu'elle est, et comment elle l'est, et où sont ses frontières.

La clémence, c'est la tempérance de l'esprit en position de se venger, ou la douceur d'un supérieur vis-à-vis d'un inférieur lorsqu'il décide un châtiment. Plusieurs définitions vaudront mieux qu'une seule, qui pourrait mal embrasser la chose et être une mauvaise formule, si je puis dire, pour gagner mon procès. Donc, voyons-y aussi l'inclination de notre esprit à la douceur quand il mesure une peine. La définition suivante se heurtera à des contradictions, bien qu'elle soit la plus proche de la vérité : la clémence, c'est la modération qui nous fait remettre quelque chose sur un châtiment juste et vraiment mérité. Aucune vertu, va-t-on répondre, ne donne moins que son dû à quelqu'un. Et pourtant, c'est bien là l'idée que tout le monde se fait de la clémence : elle se replie en deçà de ce qu'elle pourrait à bon droit infliger.

Son contraire, diront les gens mal informés, c'est la

rigueur. Mais non ! Aucune vertu n'est le contraire d'une autre. Qu'est-ce qui s'oppose à la clémence ? La cruauté, qui n'est rien d'autre que la dureté de l'esprit quand il fixe des peines. « Mais certains, va-t-on dire, ne fixent pas de peines et sont pourtant cruels, comme ces gens qui tuent l'inconnu, le passant, pas même pour de l'argent : pour tuer. Et, non contents de le tuer, qui le torturent, comme font Busiris, Procuste et les pirates, qui fouettent leurs victimes ou les brûlent tout vifs. » C'est de la cruauté, d'accord. Mais, comme elle n'accompagne pas une vengeance (on ne leur a rien fait) et n'est pas déchaînée par un méfait de l'autre (aucun crime ne l'a précédée), elle tombe hors des limites de la définition – qui se bornait à l'intempérance de l'esprit quand il fixe des peines. Donc, disons que ce n'est pas la cruauté, mais la férocité, sauvage par plaisir. Appelons ça folie : s'il en est en tous genres, aucune n'est plus sûre que celle qui incite à massacrer les hommes, à les tailler en pièces. Quant au terme « cruel », je le réserverai à ceux qui ne punissent pas sans cause, mais sans mesure, comme ce Phalaris qui, dit-on, s'acharnait sur des gens qui n'étaient certes pas innocents, mais au-delà du supportable. Nous pouvons échapper à ces subtilités en disant : la cruauté est l'inclination de l'esprit au plus dur. La clémence la chasse et la tient éloignée : c'est avec la rigueur qu'elle préfère s'entendre.

Il nous faut nous demander ici ce qu'est la pitié, la commisération. La plupart des gens y voient une vertu, la louent, et nomment bon celui qui a pitié. Elle aussi, c'est un vice. Cruauté et pitié sont disposées l'une près de la rigueur, l'autre de la clémence, et sont à éviter : sous couleur de rigueur, nous tombons dans la cruauté, sous couleur de clémence, dans la pitié. Il est moins dangereux de s'égarer par là, mais l'écart est le même avec la vérité.

Donc, comme la religion fait à nos dieux honneur et la superstition insulte, tous les hommes de bien cultivent la clémence et la mansuétude, mais doivent fuir la pitié ; car c'est le vice de l'esprit pusillanime qui défaille à la vue du malheur chez les autres. Voilà pourquoi on la voit tant chez les plus faibles : ce sont les petites vieilles et les femmes fragiles qui s'émeuvent aux larmes des pires criminels et, si elles le pouvaient, briseraient leurs barreaux. La pitié ne voit pas la cause, mais le sort. La clémence appuie la raison. Je sais bien qu'on entend des gens mal informés attaquer l'école stoïcienne comme trop dure, et vraiment mal placée pour donner des conseils aux princes et aux rois ; elle ne veut pas, dit-on, que le sage ait pitié, refuse qu'il pardonne ! Sorties de leur contexte, ces idées sont odieuses : elles semblent ne laisser, face à l'erreur humaine, aucun espoir, vouer tous les écarts au châtiment. S'il en était ainsi, qu'aurait-elle de vrai, cette science qui désapprend l'humanité et nous ferme le port de l'aide mutuelle, refuge le plus sûr contre les coups du sort ? En fait, aucune école de pensée n'est plus douce, n'a plus de bienveillance, d'amour envers les hommes, de sens du bien commun, puisqu'elle nous propose d'être utiles, d'aider, et de ne pas songer seulement à nous-mêmes, mais à tous, à chacun. La pitié, c'est cette maladie d'esprit que provoque la vue du malheur chez les autres ; ou ce chagrin qui, né de leurs souffrances que nous pensons injustes, nous prend dans son étau. Mais nulle maladie ne peut frapper le sage. Son esprit est ciel pur, rien ne lui est nuage. Et rien ne convient mieux à l'homme qu'un esprit grand. Il ne peut à la fois être grand et souffrant. L'affliction le broie, le terrasse, l'étouffe. Et le sage ne la ressent même pas pour les maux dont il est la victime : toute fureur du sort rebondira sur lui et se brisera net. Lui, il conservera toujours même visage, placide, inébranlable – ce qu'il ne saurait faire s'il s'ouvrait au chagrin.

Ajoute que le sage anticipe le mal, et se tient prêt d'avance, car jamais on ne fixe une conduite claire et pure en plein orage. Le chagrin est inapte à distinguer les choses, à trouver les issues, à tourner les périls, à peser équitablement les torts subis. Donc le sage n'a pas pitié, car il n'est de pitié sans douleur de l'esprit. Les actes qu'on attend de ceux qui s'apitoient, il les fera joyeusement et l'esprit haut. Il viendra secourir ceux qui versent des larmes – non pleurer avec eux –, tendre la main au naufragé, ouvrir sa porte à l'exilé, donner un peu d'argent au pauvre, et pas avec mépris, comme font la plupart de ceux qui veulent passer pour des âmes sensibles – ils jettent leur aumône, ils aident avec dégoût, ils ont peur qu'on les touche ! –, non, d'homme à homme, comme on donne sur le bien commun. Il saura rendre un fils aux larmes d'une mère, faire enlever des chaînes, sortir un gladiateur de l'arène, ensevelir le corps même d'un criminel, mais tout cela, il le fera l'esprit serein, sans changer de visage. Donc le sage n'aura pas pitié, mais sauvera, mais se rendra utile : né pour l'aide publique et pour le bien commun, il donnera à chacun sa part. Et même ceux qui ont mal agi, même ceux qu'il faut blâmer et réformer recevront ses bontés selon ce qu'ils méritent. Mais ceux qui tombent, ceux qui ploient sous la destinée, il viendra beaucoup plus volontiers à leur aide. Chaque fois qu'il le pourra, il fera échec à l'infortune. A quoi serviraient mieux la richesse et la force qu'à relever ce que le malheur a courbé ? Il ne détournera ni les yeux ni l'esprit de la jambe atrophiée, de l'être squelettique et vêtu de haillons, de la vieillesse qui s'appuie sur son bâton. D'ailleurs, il aidera tous ceux qui en sont dignes. Tels les dieux, il sera propice aux malheureux.

Commisération est proche de misère : elle en a quelque chose et tire sur son fond. Ils sont faibles, sache-le, les yeux qui, voyant des yeux rougis, se noient aussi de larmes, autant que, par Hercule, c'est une maladie, et non de la gaieté, de toujours rire avec ceux qui rient, ou, lorsque tout le monde bâille, d'ouvrir aussi la bouche ; la commisération est le vice de ces esprits épouvantés par la misère ; et l'exiger du sage serait lui demander de pleurer et gémir aux obsèques d'un homme qu'il n'a jamais connu.

« Mais pourquoi ne pardonnera-t-il à personne ? » Nous allons maintenant voir ce qu'est le pardon, et nous saurons pourquoi il ne faut pas que le sage en use. Le pardon, c'est la remise d'un châtiment mérité. Pourquoi le sage ne doit pas l'accorder, ceux qui le soutiennent l'expliquent longuement ; moi, en deux mots (car ce procès n'est pas le mien), voici ce que je dis :

On pardonne à celui qu'on aurait dû punir ; or le sage ne fait rien de ce qu'il ne doit pas et n'omet rien de ce qu'il doit ; donc il n'efface pas la peine qu'il doit infliger. Mais ce que tu attends du pardon, il va te le donner plus honorablement : le sage épargnera, sera bien disposé, et il amendera. Il fera la même chose que s'il avait pardonné, mais ne pardonnera pas, car pardonner c'est avouer qu'on n'a pas fait tout ce qu'on aurait dû faire. Le sage s'en tiendra à un blâme verbal, n'infligera pas de peine s'il considère que tel homme, à son âge, peut encore s'amender, ordonnera qu'un autre, tourmenté, c'est visible, par la honte du crime, soit épargné, parce qu'on l'a trompé, ou qu'il avait bu ; à la guerre, il renverra des ennemis sains et saufs, parfois même avec toutes ses félicitations, s'ils avaient pris les armes pour d'honorables causes – respect de leur parole, d'un traité d'alliance, lutte pour la liberté. Ces actes ne sont pas des gestes de pardon, mais de clémence. La clémence a son libre arbitre. Ce n'est pas en fonction d'un code qu'elle juge, c'est en fonction du juste et du bon. Elle peut absoudre, et fixer l'amende comme elle veut – non en considérant qu'elle l'établit en deçà de ce qui est juste, mais en posant que ce qu'elle a décidé est le plus exactement juste. Pardonner, en revanche, c'est te refuser à punir celui que tu juges devoir l'être : le pardon est remise d'un châtiment dû. La clémence, d'abord, donne une garantie : ceux qu'elle absout ne devaient rien subir de plus, elle l'a proclamé. Elle est plus complète que le pardon, plus honorable.

La controverse, à mon avis, est sur le mot ; sur la chose il est clair que nous sommes d'accord.

Le sage remettra bien des peines, il sauvera beaucoup de gens, en mauvaise santé morale, mais guérissables. Il fera ce que font les bons agriculteurs : ils n'entretiennent pas uniquement les arbres bien droits, bien élancés, mais redressent aussi au moyen de tuteurs ceux qui se sont tordus pour une raison quelconque ; d'autres, ils les élaguent, car ils craignent de voir le poids de leurs branchages entraver leur croissance ; ceux qui restent chétifs à cause du terrain, ils les nourrissent, et ceux qui souffrent à l'ombre des voisins, ils leur ouvrent le ciel. Il verra la méthode adaptée à chacun, la voie pour redresser l'esprit qui s'est tordu.

TROISIÈME PARTIE

En troisième lieu, nous nous demanderons comment l'esprit est amené à cette vertu, comment il l'affermit puis, en la pratiquant, parvient à la faire sienne.

De toutes les vertus, il n'en est pas de plus authentiquement faite pour l'homme, car c'est la plus humaine : chacun en conviendra, non seulement chez nous qui voulons voir en l'homme un animal social né pour le bien commun, mais aussi chez les gens qui le vouent au plaisir, qui ne parlent et n'agissent qu'en leur propre intérêt. Car, s'il veut être tranquille et s'amuser, c'est dans cette vertu que l'homme va trouver l'expression la plus haute de sa nature, puisqu'elle aime la paix et qu'elle retient le coup. Mais la clémence ne sied à personne mieux qu'au roi ou au prince : une force puissante se couvrira de gloire si elle est salvatrice ; la vaillance pour faire le mal n'est qu'un fléau. En un mot, sa grandeur est stable et bien assise, le prince dont les sujets savent qu'il les défend autant qu'il les domine, qu'ils voient jour après jour veiller à leur salut, collectif et individuel. Ils ne fuient pas à son approche comme si quelque fauve, malfaisant et féroce, bondissait de son antre, ils accourent vers lui, et en se bousculant, comme au-devant d'un astre clair et bénéfique. Se jeter face aux épées pour le défendre contre des agresseurs, sacrifier leur vie, ils y sont plus que prêts s'il faut se laisser massacrer pour lui ouvrir la route vers un refuge sûr. Ils gardent son sommeil en veillant dans la nuit, ils couvrent ses flancs, l'escortent et le protègent, viennent faire barrage au danger qui surgit. Ce n'est pas sans raison que peuples et cités sont aussi unamines à défendre leur roi, à l'aimer, à se précipiter corps et biens là où son salut le réclame. Ce n'est pas parce qu'ils font bon marché de leur vie, ni parce qu'ils sont fous, que tant de milliers d'hommes tombent à la bataille pour une seule tête, qu'ils paient de tant de morts la vie d'une seule âme, qui est quelquefois celle d'un vieillard, d'un infirme. De même que le corps tout entier sert l'esprit – même s'il est beaucoup plus grand et plus visible, et si le frêle esprit se cache on ne sait où, c'est malgré tout pour ce dernier que se dépensent les mains, les pieds, les yeux, la peau qui le protège –, sur un ordre du prince nous restons immobiles, ou nous partons courir le monde sans répit, parce qu'il a commandé, si c'est un maître avide, que nous fouillions les mers pour trouver des trésors, si c'est un ambitieux, qu'aussitôt nous mettions au feu notre main droite ou que nous nous jetions sous terre de plein gré. C'est ainsi que cette immense multitude agglutinée autour d'un seul homme obéit à son souffle, se plie à sa raison ; c'est qu'elle s'écraserait, c'est que son propre poids la ferait éclater, s'il ne la soutenait de son intelligence.

Donc, c'est leur propre sauvegarde qu'ils aiment, ceux qui pour un seul homme forment dix légions rangées pour la bataille, se ruent au premier choc et portent leurs poitrines au-devant des blessures, afin que les drapeaux de l'empereur soient saufs. Car il est le lien qui fait tenir ensemble les forces collectives, et le souffle de vie que tant de milliers d'hommes aspirent, qui ne seraient que fardeau pour eux-mêmes, ou gibier, si l'esprit de l'empire leur était retiré.

Tant que le roi est sauf, tous n'ont qu'une pensée.
Lui mort, leur pacte rompt.

Ce malheur mettrait fin à notre paix romaine, ruinerait le destin d'un peuple si vaillant. Et ce peuple tiendra ce péril loin de lui aussi longtemps qu'il saura supporter le mors. Si un jour il le brise, ou si, quelque hasard l'ayant fait sauter, il n'en veut plus, ce gigantesque empire, unifié, rassemblé, volera en morceaux, et Rome cessera de dominer le monde en cessant d'obéir. Rien d'étonnant, par conséquent, à ce qu'on aime les rois, les princes et ceux qui dirigent l'État – quelque autre nom qu'ils portent – plus encore que ses parents et ses amis : si, pour l'homme sensé, la vie publique passe avant la vie privée, celui en qui s'est incarnée la République lui sera donc plus cher. Depuis longtemps César s'est fondu en notre République, si bien qu'on ne peut plus enlever l'un à l'autre sans dommage pour les deux : lui a besoin de forces, et elle d'une tête.

On va croire que je suis bien loin de mon propos. Pas du tout, par Hercule. C'est le cœur du sujet. Car si – c'est ce que j'ai établi jusqu'ici – c'est toi qui sers d'esprit à notre République, et qu'elle, c'est ton corps, tu vois bien, je présume, toute la nécessité de la clémence : c'est toi que tu épargnes en faisant grâce à l'autre. Voilà pourquoi tu dois épargner tout autant le mauvais citoyen, comme tu le ferais d'une jambe malade, et, s'il faut une saignée, tenir ferme la lame, pour qu'elle n'entre pas plus loin que nécessaire. Donc, comme je disais, la clémence est conforme à la nature humaine, mais prend tout son éclat chez celui qui gouverne, tant elle peut sauver davantage en ce cas, et tant elle s'exerce en plus noble domaine. Car elle pèse si peu, la cruauté privée ! Et la férocité des princes, c'est la guerre.

Si toutes les vertus s'harmonisent entre elles, si aucune n'est plus honorable ou meilleure qu'une autre, il en est cependant de mieux appropriées à certains rôles. La grandeur d'âme sied à n'importe quel homme, même à celui au-dessous duquel il n'y a rien – car qu'y a-t-il de plus grandiose et courageux que d'émousser l'épée d'un destin malveillant ? Il n'en est pas moins vrai que la même vertu se déploie plus à l'aise lorsqu'il est bienveillant, qu'on la voit mieux en haut de l'estrade qu'en bas. Quelle que soit la maison où elle sera entrée, la Clémence la rendra plus heureuse et tranquille, mais, si c'est un palais, on l'admirera plus, car le cas est plus rare. Quoi de plus impressionnant pour les mémoires ? Cet homme dont la colère ne connaît pas d'obstacle, dont les pires sentences sont acceptées par ceux qui meurent, que personne ne va contredire, que dis-je, ne va même tenter de fléchir par ses prières, s'il s'emporte un peu trop violemment, voilà que de sa main il s'arrête lui-même, qu'il utilise sa puissance pour le bien, pour la paix, et se dit en lui-même : « Tuer contre la loi, qui donc ne peut le faire ? Sauver contre la loi, personne, excepté moi. » La grande destinée réclame un esprit grand, car, s'il ne parvient pas à monter jusqu'à elle et à s'y maintenir, c'est elle qu'au contraire il va faire descendre. Et le propre de l'esprit grand, c'est d'être calme, tranquille, de regarder de haut affronts et déplaisirs. Celui qui devient fou furieux dans la colère ressemble à une femme. Ce sont les bêtes sauvages, et encore les moins nobles, qui déchiquettent et qui accablent un être à terre. L'éléphant, le lion continuent leur chemin, laissant là leur victime. S'acharner, c'est l'usage des bêtes les plus viles. La colère terrible, sourde à toute prière, est indigne d'un roi, car elle ne le met pas très au-dessus de l'homme dont il fait son égal en le prenant pour cible. Mais, s'il donne la vie, s'il rend la dignité à celui qui méritait de la perdre, il fait ce qui n'est permis qu'au souverain. La vie, on peut l'ôter même à qui vous domine. On ne peut la donner qu'à plus bas que soi-même. Sauver, c'est l'apanage du pouvoir absolu ; il n'est jamais plus digne de notre admiration que lorsque sa puissance est celle des dieux mêmes, qui, dans leur bienveillance, nous font tous naître dans la lumière du soleil, les bons et les méchants. Que le prince, prenant pour lui l'esprit des dieux, regarde avec faveur, parmi les citoyens, ceux qui se rendent utiles et vivent dans le bien, et qu'il laisse le reste en paix, pour faire nombre. Qu'il aime les premiers et tolère les autres.

Pense, dans cette ville où la foule descend d'immenses avenues sans jamais s'interrompre, où c'est la bousculade chaque fois qu'un obstacle en ralentit le cours, aussi violent qu'un torrent qui dévale, où, dans le même temps, assis dans trois théâtres, trois publics au complet attendent, où l'on consomme ce que lève la terre entière, pense au désert, pense à la zone ravagée qu'elle va devenir, si on n'y laisse vivre que ceux que peut absoudre un juge rigoureux. Combien de magistrats qui instruisent les crimes ne tombent pas eux-mêmes sous le coup de la loi qui fonde l'instruction ? Combien d'accusateurs sont purs de toute faute ? Et je ne sais s'il est homme plus intraitable que celui qui a plus à se faire pardonner. Tous, nous avons commis de mauvaises actions, très graves pour les uns, et pour les autres moins, avec préméditation pour les uns, et pour les autres sous l'impulsion du hasard ou entraînés par quelque compagnon pervers. Ou bien nous n'avons pas eu le courage de rester fermes dans nos bonnes résolutions, et nous avons perdu notre innocence en protestant, en cherchant à la retenir. Et ce n'est pas seulement que nous avons failli, mais que nous faillirons jusqu'au tout dernier jour. Et même si quelqu'un a désormais si bien purifié son cœur que rien ne peut plus le troubler, le tromper, c'est par le mal, pourtant, qu'il atteint l'innocence.

Puisque j'ai fait mention des dieux, c'est le meilleur modèle à fixer pour le prince, afin qu'il s'y conforme : qu'il soit pour ses sujets ce qu'il voudrait que les dieux soient pour lui. Souhaite-t-on des divinités intraitables pour les péchés, les fautes ? Veut-on qu'elles s'acharnent jusqu'aux derniers supplices ? Quel roi pourra se sentir à l'abri, sûr que les haruspices n'iront jamais chercher ses membres foudroyés ? Or, puisque les dieux justes et miséricordieux ne châtient pas instantanément de leurs foudres les méfaits des puissants, qu'il est plus juste encore qu'un homme sur des hommes exerce son pouvoir avec modération, et qu'il se dise : le monde est-il plus aimable et plus beau par un jour sans nuage, ou lorsque d'incessants éclairs font tout trembler et que les incendies s'allument ici et là ? Eh bien, l'autorité tranquille et réservée n'a pas d'autre visage que l'éclat d'un ciel pur. Quant au règne cruel, il est chaos et obscurité ténébreuse, parmi des gens tremblants que le fracas soudain du tonnerre épouvante, et même celui-là par qui tout est troublé en subit les secousses.

Si des particuliers ont la rancune tenace, on leur pardonnera plus aisément : ils sont plus vulnérables, leur ressentiment vient de ce qu'ils ont subi. Ils redoutent de plus d'inspirer le mépris : ne pas rendre la politesse aux agresseurs semble de la faiblesse et non de la clémence. Mais celui pour lequel la vengeance est facile sera, s'il s'en abstient, certainement loué de sa mansuétude. Les obscurs sont plus libres de faire le coup de poing, de porter plainte, de se jeter dans une rixe, de n'obéir qu'à leur colère. Ils sont légers, les coups qu'on se porte entre égaux. Tandis que chez un roi, même le haussement de ton et l'outrance verbale manquent de majesté.

C'est un peu fort, penses-tu, que l'on prive les rois du droit de s'exprimer qu'ont les derniers des pauvres. Tu te dis : « C'est de l'esclavage, non du pouvoir. » Eh quoi ? L'expérience ne t'a-t-elle donc rien appris sur ton noble esclavage ? Ils ont une autre vie, ceux dont la tête ne dépasse pas de la foule, qui sont noyés en elle ; pour qu'on voie leurs vertus il faut de longs efforts, leurs vices sont dans l'ombre. Mais vous, vos mots, vos actes, la rumeur les conserve. Nul ne doit mieux veiller, donc, à la nature de sa réputation que ceux qui – quelle que soit celle qu'ils auront méritée – l'auront grande. Que de choses te sont interdites dont nous jouissons grâce à toi ! Je peux sans crainte marcher seul dans tous les quartiers de la ville, sans ami pour m'accompagner et sans épée ni sur moi, ni chez moi. Toi, il te faut vivre en armes sous ta Paix. Tu ne peux t'éloigner d'un pas de ton destin : il te cerne, et, partout où tu pourras descendre, il sera là en grande pompe derrière toi. Le voilà, l'esclavage de la grandeur suprême : l'impossibilité de se faire petit. Cette contrainte, tu la partages avec les dieux, car eux aussi, le ciel les tient rivés à lui, et descendre leur est aussi difficile que c'est dangereux pour toi : tu es cloué au sommet de l'Empire. Nos mouvements à nous, peu de gens les remarquent, et nous pouvons aller, venir, changer de vie, sans que nul ne le sache. Pas plus que le soleil tu ne peux te cacher. Autour de toi, la lumière est profuse, et tous les yeux la suivent. Tu crois sortir, mais c'est un astre qui se lève. Tu ne peux dire un mot sans que les nations, où qu'elles soient au monde, ne gardent tes paroles. Tu ne peux t'irriter sans que l'univers tremble, car tu ne frapperas personne sans ébranler tout ce qui est autour. Comme la foudre n'est dangereuse que pour certains, mais effraie tout le monde, les châtiments qu'infligent les puissants épouvantent bien plus largement qu'ils ne frappent. Non sans raison : lorsqu'un homme peut tout, on ne va pas se dire : « Jusqu'où est-il allé ? », mais : « Jusqu'où ira-t-il ? »

Ajoute maintenant qu'en souffrant les offenses, une personne privée s'expose davantage à en recevoir d'autres, tandis qu'un roi renforce sa sécurité par la mansuétude. Car châtier souvent, c'est écraser la haine de quelques-uns en provoquant celle de tous. Il faut que le désir de punir se lasse avant qu'il n'y ait plus de raison de le faire. Autrement, comme les arbres taillés font plus de branches, comme on fauche tant de plantes pour les rendre plus denses, de même un roi cruel qui tue ses ennemis en augmente le nombre : les parents, les enfants d'un seul homme tombé, ses proches, ses amis se lèvent à sa place.

Cette grande vérité, je veux te l'illustrer par un exemple pris dans ta propre famille. Auguste le Divin fut un prince paisible, si on le juge à partir de son principat. Car, dans le grand naufrage de la République, il a joué du glaive, comme c'était de son âge – que tu as aujourd'hui : à peine dix-sept ans. A vingt ans, il avait poignardé des amis, cherché traîtreusement à tuer Marc Antoine, et, consul avec lui, lancé les proscriptions. Mais, alors qu'il avait passé la soixantaine et séjournait en Gaule, on lui porte la preuve que Lucius Cinna, un homme sans finesse, prépare un attentat contre lui. On lui dit où, et quand, et de quelle manière, Cinna veut l'assaillir. Un complice avait tout révélé. Il décide de tirer vengeance du coupable, et fait mander ses amis en conseil. Sa nuit est agitée, à l'idée qu'il va lui falloir condamner ce jeune homme bien né, petit-fils de Pompée, par ailleurs sans reproche. Même un seul homme, il ne pouvait plus le tuer, lui à qui Marc Antoine avait dicté l'édit de proscription à table. De temps en temps, des phrases plaintives et contradictoires lui échappent :

– Eh quoi ? C'est moi qui me supplie moi-même de laisser libre et tranquille mon assassin ? Ma tête, visée en vain dans tant de guerres civiles, sortie sauve de tant de batailles navales et de combats terrestres, voilà qu'en pleine paix sur terre comme sur mer celui-ci veut l'abattre – que dis-je ? l'immoler (c'est pendant qu'il célébrait un sacrifice qu'on devait le frapper). Et il ne serait pas puni ?

Puis, après un silence, d'une voix bien plus forte qu'il n'accablait Cinna, il s'en prend à lui-même :

« Pourquoi vivre si tant de gens veulent ta mort ? Combien d'exécutions encore ? Combien de sang ? Ma tête est exposée à toute une jeunesse noble pour qu'elle y aiguise ses épées. Est-ce si beau, la vie, que, pour que je la garde, tant d'autres doivent périr ? »

Enfin, son épouse Livie l'interpelle :

– Acceptes-tu, dit-elle, le conseil d'une femme ? Fais comme les médecins qui, lorsque le remède usuel n'opère pas, prescrivent son contraire. Jusqu'ici la rigueur ne t'a rien apporté : Lépide a succédé à Salvidienus, Murena à Lépide, Caepio à Murena, Egnatius à Caepio, pour ne rien dire d'autres tristes individus dont les noms me font honte. Essaie donc la clémence. Et pardonne à Cinna. Il est pris. A présent, il ne peut plus te nuire. Il peut servir ta gloire.

Ravi d'avoir trouvé quelqu'un pour le défendre, il remercie sa femme, donne aussitôt contrordre aux amis qu'il avait convoqués en conseil, appelle auprès de lui Cinna seul, fait sortir tout le monde de sa chambre à coucher, ordonne qu'on apporte une seconde chaise pour Cinna, et lui dit :

– Voici d'abord ce que je te demande : de ne pas m'interrompre, de ne pas te récrier à mes paroles. Tu pourras t'exprimer sans limite de temps.

« Moi, quand je t'ai trouvé, Cinna, dans l'autre camp,

ennemi de naissance et non de circonstance, je t'ai sauvé, et je t'ai laissé tous tes biens. Aujourd'hui, te voilà si heureux et si riche que les vainqueurs pourraient envier le vaincu. Quand tu as demandé le sacerdoce, je t'ai favorisé contre beaucoup de gens dont les pères s'étaient battus à mes côtés, et je te l'ai donné. J'ai fait tout ça pour toi, et tu veux me tuer. »

A ce mot, Cinna crie qu'il est à mille lieues de pareille folie. Mais lui :

« Tu ne tiens pas ta parole, Cinna. Il était convenu que tu ne dirais rien. Tu te prépares, disais-je, à me tuer. »

Il ajoute le lieu, les complices, le jour, le plan d'attaque, l'homme qui doit porter le coup. Voyant que ce n'est plus sa promesse, mais sa conscience, qui impose silence à Cinna pétrifié, il reprend :

« De quel cœur fais-tu ça ? Pour être prince toi-même ? Pauvre peuple romain, par Hercule, s'il ne reste que moi entre toi et le trône (tu ne peux pas protéger ta maison ; et tu viens encore de perdre ton procès face à un affranchi ; tu n'avais qu'à demander conseil à César !). Je m'efface, si seul j'empêche tes desseins. Crois-tu que Paul-Émile, et Fabius Maximus, la famille des Cossus, celle des Servilius sauront te supporter ? Et toute cette armée de nobles qui se targuent d'avoir des noms qui ne sont pas de simples mots, mais qui ont l'ornement d'images des ancêtres ? »

Si je devais reprendre ici tout ce qu'il dit, il y faudrait une bonne partie de ce volume (car on sait qu'il lui a parlé plus de deux heures, faisant ainsi durer l'unique châtiment dont il allait se contenter). Donc, il conclut :

« La vie. Je te la donne pour la seconde fois, Cinna.

Hier à l'ennemi, aujourd'hui au parricide et au félon. Qu'à compter de ce jour, pour la seconde fois, naisse notre amitié. La vie. Nous verrons bien qui sera plus fidèle, moi qui te l'ai donnée ou toi qui me la dois. »

Par la suite, il lui offrit spontanément le consulat, en se plaignant qu'il n'osât pas le demander. Il eut en lui l'ami entre tous les amis, le fidèle entre les fidèles, fut son seul héritier. Et nul autre, jamais, ne complota sa mort.

Ton trisaïeul a su pardonner aux vaincus : s'il ne l'avait pas fait, sur qui eût-il régné ? Sallustius, les Cocceius, les Dellius et le cercle de ses intimes au grand complet, il les a recrutés dans les camps ennemis ; déjà, les Domitius, les Messala, les Asinius, les Cicéron, et tout ce qui formait la fleur de la cité, c'était à sa clémence qu'il les devait. Et Lépide lui-même, combien de temps a-t-il attendu qu'il fût mort ! Et toutes ces années où il lui a laissé les insignes honorifiques du principat ! Le grand pontificat, ce ne fut qu'à la mort de Lépide qu'Auguste voulut bien le recevoir : il préférait que chacun y vît un honneur, non une prise de guerre. C'est grâce à sa clémence qu'il a vécu tranquille ; c'est elle qui lui a valu la gratitude, la popularité, bien qu'il eût mis la main sur la nuque du peuple romain alors qu'il n'avait pas encore subi le joug. Et aujourd'hui aussi, c'est elle qui lui vaut la gloire, indocile servante des princes, même vivants. Ce n'est pas parce qu'on nous l'ordonne que nous croyons qu'il est un dieu. Auguste est un bon prince, nous le reconnaissons, et, si le nom de Père lui a bien convenu, n'en cherchons pas ailleurs la raison qu'en ceci : même l'affront personnel, plus blessant d'ordinaire au prince que les coups, il ne l'a fait payer d'aucune cruauté ; les bons mots le visant le faisaient rire aussi ; il donnait l'impression de se punir lui-même en punissant les autres ; et tous ceux qu'il a dû condamner pour les mœurs de sa fille, non content de ne pas leur infliger la mort mais l'exil, il leur a fourni des sauf-conduits pour mieux les protéger au cours de leur voyage. C'est cela pardonner : quand tu sais que beaucoup vont s'enflammer pour toi et te faire cadeau du sang de quelqu'un d'autre, ne pas seulement laisser la vie – la garantir.

Voilà Auguste âgé, ou déjà ployant sous les années. Dans sa jeunesse, il a eu le sang chaud, déchaîné sa colère, et fait beaucoup de choses qu'il n'aima guère ensuite regarder derrière lui. Comparer à ta propre mansuétude, Auguste le Divin, nul n'aura cette audace, même si l'on oppose ton jeune âge à sa vieillesse plus que mûre. Il a su se montrer clément et modéré, oui, mais – n'est-il pas vrai ? – après Actium, où la mer rougit du sang romain, la Sicile, où sa flotte et celle de l'ennemi furent toutes deux broyées, les autels de Pérouse et les proscriptions. Je n'appelle pas clémence la cruauté lassée. La clémence, la vraie, c'est celle que tu montres, César. Ce n'est pas par remords d'avoir été féroce qu'on l'a vu commencer à n'avoir point de tache, à ne jamais verser le sang des citoyens. Elle est, portée par la puissance la plus haute, la plus authentique réserve de l'esprit, l'amour du genre humain : ne se laisser pousser ni par quelque désir, ni par l'élan irréfléchi de sa nature, ni par le triste exemple des princes précédents, à essayer de faire soi-même l'expérience de ce qui est permis contre son propre peuple, mais émousser la lame de son propre pouvoir. Tu as gardé, César, l'État immaculé, et cet exploit dont ton grand cœur s'est glorifié – de n'avoir répandu dans l'univers entier pas une goutte de sang humain – est d'autant plus grandiose, d'autant plus admirable, que personne jamais n'eut le glaive plus jeune.

Donc, la clémence n'offre pas seulement plus d'honneur, mais plus de sûreté, et elle est à la fois l'ornement des empires et le meilleur moyen d'assurer leur salut. Pourquoi voit-on les rois vieillir dans leur royaume, le transmettre à leur fils ou à leur petit-fils, tandis que le pouvoir des tyrans est haï, et qu'il ne dure guère ? Quelle est la différence entre rois et tyrans (leur statut, par son faste et ce qu'il leur permet, est en effet le même), si ce n'est que ceux-ci punissent par plaisir, quand les rois ne le font que par nécessité ?

« Allons donc ! Les rois ne tuent-ils pas aussi ? » – Seulement lorsque le bien public les incite à le faire. Les tyrans ont la férocité au cœur. Mais cette différence entre roi et tyran est affaire de comportement et non de titre. Au vu de ses mérites, nous plaçons justement plus haut que bien des rois Denys de Syracuse, et pourquoi ne pas appeler tyran Sylla, qui cessa de tuer par manque de victimes ? Il a bien pu abandonner sa dictature et reprendre la toge, mais quel tyran jamais but si avidement le sang humain ? Il ordonna de massacrer ensemble sept mille citoyens romains, et dit au Sénat terrifié, lorsque, siégeant tout près au temple de Bellone, il entendit monter cette clameur immense de tant de milliers d'hommes gémissant sous le glaive : « Poursuivons, Pères conscrits. Ce sont quelques factieux que l'on tue sur mon ordre. » Et il ne mentait pas. Leur nombre pour Sylla semblait bien négligeable. Mais nous verrons bientôt quelle colère il faut montrer aux ennemis, et surtout lorsque ceux qu'on appelle ennemis sont des concitoyens, scindés d'un même corps. Pour l'instant, comme je le disais, la clémence est la pierre de touche entre roi et tyran. L'un peut avoir autant de gens d'armes que l'autre. Mais l'un s'en sert pour faire un rempart à la paix, l'autre pour réprimer des haines gigantesques par une peur géante, et les mains mêmes auxquelles il confie son destin, il n'en est pas si sûr. C'est un cercle vicieux : puisqu'on le hait parce qu'on a peur de lui, il veut qu'on ait peur de lui parce qu'on le hait, et il s'inspire de ce vers abominable, qui en a fait rouler tant d'autres dans l'abîme : « Qu'ils me haïssent, pourvu qu'ils me craignent » – ignorant combien elle est terrible, la rage qui se lève quand les haines grandissent au point de déborder.

La crainte, modérée, peut calmer les esprits, mais, constante, éperdue, née de périls extrêmes, elle donne de l'audace à ceux qui subissaient, les pousse à tout tenter.

Ainsi l'on peut tenir des fauves en respect en tendant autour d'eux une corde avec des plumes. Mais, si un cavalier vient les cribler de flèches dans leur dos, ils essaieront de s'échapper en courant droit sur l'objet qui leur faisait peur et ils piétineront l'épouvantail. Il est d'une violence inouïe, le courage que la nécessité dernière nous arrache. La crainte doit laisser quelque chose à l'abri, faire miroiter l'espoir bien plus que le danger. Car si l'homme en restant passif doit craindre autant, il va prendre plaisir à courir tous les risques et à brûler sa vie jusqu'au bout, comme si elle n'était pas à lui.

Le roi calme et tranquille a des troupes loyales,

comme sont celles qui servent au salut commun : le soldat, fier de lui (chacun voit qu'il prend peine pour la sûreté du peuple), supporte toutes les épreuves de bon cœur, car c'est son père qu'il garde. Mais le violent, le sanguinaire, forcément, ses sbires vont le trouver pesant. Nul ne peut demander bonté, fidélité, aux soudards qu'il emploie pour mettre à la torture, jouer du chevalet, des fers apprêtés pour la mort, auxquels il fait jeter des hommes comme aux fauves. Il est plus tourmenté, plus anxieux que tous ceux qu'il condamne, car il craint que les dieux et les hommes témoins de ses forfaits ne s'en fassent vengeurs, et en arrive au point où il n'est plus possible de changer d'attitude. C'est que voilà le pire avec la cruauté : il faut continuer. Le chemin qui ramène au bien est obstrué, car on ne peut couvrir le crime que par le crime. Qui est plus malheureux que l'homme désormais contraint à faire le mal ? Pauvre être que doit plaindre... lui-même certainement ! Car les autres, ce serait impie s'ils le plaignaient, ce prince qui n'a su exercer son pouvoir qu'en massacrant, pillant ; qui a rendu suspect tout ce qui vit hors du palais et en son sein ; qui, parce qu'il craint les armes, se cache sous les armes ; qui ne croit pas à la loyauté des amis, à l'amour de ses fils. Et souvent, une fois terminé l'examen de tout ce qu'il a fait, de tout ce qu'il va faire, sa conscience tourmentée par les crimes mise à nue, il a peur de la mort – et souvent la souhaite, plus odieux à lui-même qu'à tous ceux qui le servent.

Bien au contraire, celui qui veille sur tout le monde ; qui protège certains davantage, d'autres moins, mais qui nourrit comme sien tout membre de l'État, sans exclure personne ; qui est enclin à la douceur, qui, même s'il faut punir, montre combien sa main répugne à se saisir de cet âpre remède ; qui n'a dans son esprit rien d'hostile, de féroce ; qui use du pouvoir pour apaiser, sauver ; qui veut que ses sujets approuvent ce qu'il ordonne ; qui se juge trop heureux s'il peut mettre au service du peuple sa couronne ; à qui l'on peut parler ; que l'on peut aller voir, approcher aisément ; qui a l'air – car c'est cela surtout qui enchante les peuples – sympathique ; qui fera bon accueil à la juste demande, et qui repoussera l'injuste sans dureté ; celui-là est aimé, défendu, vénéré par la cité entière. Les gens parlent de lui de la même façon à voix basse qu'en public. Ils veulent des enfants, et les rigueurs de la stérilité qu'amènent avec eux les malheurs de l'État se relâchent : chacun est sûr de faire le bien de ses enfants en leur permettant de vivre pareille époque. Ce prince, que sa bonté met en sécurité, n'a nul besoin de troupes, et ses gardes en armes sont là pour l'ornement.

Quel est donc son devoir ? C'est celui des bons pères qui ont coutume de réprimander leurs enfants parfois par la douceur, parfois par la menace, et parfois même les corrigent par des coups. Un homme sain va-t-il déshériter son fils à la première offense ? Tant que des insolences graves et répétées n'ont pas mis sa patience à bout, tant qu'il ne craint pas pire que ce qu'il condamne, il ne va pas jusqu'au trait de stylet fatal. Il va faire avant cela bien des efforts pour ramener à lui une nature qui vacille et s'est déjà placée sur la mauvaise pente. Dès qu'il n'a plus d'espoir, c'est le dernier recours ; mais seul le père qui a tenté tous les remèdes peut se résoudre à infliger la pire peine. Et en cela, le prince doit faire comme le père, car ce n'est pas flagornerie vide de sens si nous l'avons nommé Père de la Patrie. Les autres titres, certes, sont des marques d'honneur : nous l'appelons le Grand, le Bienheureux, l'Auguste – et tous les adjectifs que l'on a pu trouver pour qualifier une ambitieuse majesté, nous les amoncelons pour lui en faire présent. Mais nous l'avons nommé Père de la Patrie afin qu'il sache bien que, ce qu'on lui confie, c'est la puissance du père, la plus douce qui soit, car il veille sur ses enfants et fait passer leurs intérêts avant les siens. Que ce père soit lent à amputer ses membres et, s'il le fait, qu'il souhaite les retrouver et le fasse à regret, en hésitant beaucoup et longtemps. Car qui condamne vite est bien près d'en jouir, et qui punit trop fort, de se montrer injuste.

A notre époque, le chevalier romain Trichon, qui avait fait mourir son fils sous le fouet, fut agressé par le peuple au forum et criblé de stylets. L'autorité d'Auguste eut peine à l'arracher aux assauts furieux des pères comme des fils. Mais Tarius, qui, ayant surpris son fils en plein dessein de parricide, le condamna après un procès dans les formes, fut admiré de tous, car il se contenta de l'exil – et d'un exil doré : il relégua le coupable à Marseille, en lui garantissant une pension annuelle du même montant exactement que celle qu'il lui versait avant. Sa générosité fit que, dans cette ville où les pires canailles trouvent des avocats, nul ne douta qu'il était bien coupable, l'accusé qu'un tel père, incapable de haine, avait pu condamner. Avec ce même exemple, je vais te faire voir le bon prince, pour que tu puisses le comparer au bon père. Tarius, devant instruire l'affaire de son fils, appela dans son conseil César Auguste. Il vint en lieu privé et il y prit sa place comme simple membre dans le conseil d'un autre. Il ne dit pas : « Qu'il vienne donc dans mon palais ! » S'il l'avait fait, le procès eût été mené par César, non par le père. Quand la cause eut été entendue et tous les arguments disséqués, ceux du jeune homme pour sa défense et ceux qui démontraient sa culpabilité, Auguste demanda que chacun écrivît sa sentence, pour que celle de César ne fût pas celle de tous. Ensuite, et avant qu'on ne décachetât les tablettes, il fit serment de renoncer personnellement à l'héritage de Tarius – car l'homme était fort riche. On va dire : « Quelle crainte mesquine ! Il a eu peur qu'on croie qu'il souhaitait ouvrir ses propres espérances en condamnant le fils. » Moi, je pense l'inverse. Si n'importe lequel d'entre nous juge, contre la médisance, bien suffisant d'avoir sa conscience pour lui, les princes doivent beaucoup à leur réputation. Il a juré qu'il renonçait à l'héritage. Tarius perdait en un seul jour deux héritiers, mais César achetait son libre jugement. Après avoir ainsi prouvé que sa rigueur n'était en rien intéressée – ce qui doit être un souci constant chez un prince –, il vota pour l'exil où le père voudrait. Il ne proposa pas le sac, ni les serpents, ni la prison, car il ne perdait pas de vue, non le crime jugé, mais l'homme qui le recevait dans son conseil. Il déclara qu'un père devait se contenter de la plus douce peine contre un fils encore jeune, entraîné dans un crime où, parce qu'il était si proche de l'innocence, il ne s'était que timidement engagé : qu'on l'éloigne de Rome et des yeux de son père !

Qu'il était digne d'être invité par les pères au sein de leur conseil ! Digne d'être choisi comme cohéritier même de fils innocents ! Cette clémence sied au prince :

où qu'il aille, qu'il y rende toute chose plus douce ! Et que nul ne soit si humble aux yeux du roi qu'il ne remarque pas sa mort : quel qu'il puisse être, il est un membre de l'Empire.

Cherchons donc pour les grands pouvoirs des exemples dans les petits : le pouvoir est multiple. Le prince commande à ses sujets, le père à ses enfants, le maître à ses élèves, le tribun ou le centurion à ses soldats. Ne le prendra-t-on pas pour le pire des pères, celui qui fouettera sans cesse ses enfants même pour des vétilles ? Et quel maître sera plus digne d'enseigner les arts libéraux, celui qui va rouer ses élèves de coups quand la mémoire leur manque et que leurs yeux trop lents s'attardent à la lecture, ou celui qui choisit de les faire progresser et de les éduquer en les admonestant et en leur faisant honte ? Prends pour tribun ou pour centurion une brute : il va te faire des déserteurs – et pardonnables ! Est-ce juste, en effet, de commander un homme plus durement, cruellement, qu'une bête sans langage ? Car un dresseur habile ne terrorise pas un cheval sous les coups : il le rendrait ombrageux et rétif, s'il ne le calmait pas par des caresses. C'est aussi ce que fait le chasseur quand il apprend aux chiots à suivre une piste, ou quand il utilise des chiens déjà dressés pour débusquer et pour traquer les bêtes sauvages. Il ne va ni les menacer trop souvent (car il les briserait, ferait dégénérer leur saine vitalité en tremblements nerveux), ni les laisser errer, divaguer de partout. Ajoute les muletiers : bien que nées pour l'humiliation et la souffrance, leurs calmes bêtes de somme seraient bientôt contraintes, s'ils se montraient trop durs, à secouer le joug.

Il n'est point d'animal d'humeur plus difficile, qui doive être mené avec plus d'art que l'homme, il n'en est point qu'il faille davantage épargner. Car quoi de plus stupide ? On rougit d'exercer sa colère contre un chien, contre une bête de somme, et le pire destin quand on est sous un homme, c'est d'être un homme !

Les maladies, nous les soignons, nous n'allons pas nous emporter contre elles. Eh bien, ici aussi c'est une maladie – de l'esprit. Il lui faut un remède léger – et pas un médecin ennemi du malade. Quel piètre praticien, celui qui, pour ne pas dispenser ses soins, déclare que le cas est trop désespéré ! De même, en face de ceux dont l'esprit est malade, pour qui s'est vu confier la sauvegarde de tous : qu'il n'abandonne pas trop vite tout espoir, qu'il ne prononce pas un diagnostic de mort ! Qu'il lutte contre les vices, qu'il résiste, qu'il fasse honte aux uns d'être malades, qu'il mystifie les autres par un traitement doux, s'il croit mieux les guérir, et plus rapidement, par remèdes cachés. Que le prince ne rende pas seulement la santé, mais qu'il assure une cicatrice honorable !

Un roi, Néron, ne peut tirer aucune gloire d'un châtiment cruel (qui doute qu'il est assez puissant pour l'infliger ?), mais il gagne la plus éclatante lorsqu'il retient sa force, sauve beaucoup de gens de la colère des autres, et sait ne sacrifier à la sienne personne.

Quant aux esclaves, il est beau de les commander sans exaction. Celui qui t'appartient, ne te dis pas : que puis-je encore lui faire subir impunément ? mais : à quoi m'autorise cette loi naturelle de justice et de bien qui veut que l'on épargne aussi le prisonnier et l'homme mis à prix ? Qu'il est plus juste encore de ne jamais traiter des hommes libres, bien nés, honorables en esclaves, mais en personnes que tu précèdes par le rang, et que l'on a confiées à ta protection, non mises à ton service. Les esclaves peuvent se réfugier près d'une statue ! Bien que, contre un esclave, rien ne soit défendu, il est des choses que le droit commun aux vivants interdit contre un homme. Qui donc n'aurait voué à Vedius Pollion une haine pire encore que celle de ses esclaves, parce qu'il engraissait avec du sang humain ses murènes, et qu'il faisait jeter dans le vivier – véritable fosse aux serpents – ceux qui l'avaient mécontenté en quelque chose ? Mille morts auraient dû l'abattre, qu'il ait nourri d'esclaves ses murènes pour les manger ensuite, ou qu'il ait élevé ces bêtes seulement pour pouvoir les nourrir de cette façon-là. De même que toute la cité montre du doigt un maître aussi cruel, qu'on le hait, qu'on l'exècre, de même les forfaits d'un roi frappent plus large : le mépris et la haine le suivent pour des siècles. Il vaut bien mieux n'être pas né que d'être né pour le malheur public !

Nul ne pourra trouver, quel que soit le registre – et le critère qui motive sa préférence –, quelque chose de plus glorieux pour un roi que la clémence. Et nous reconnaîtrons, bien sûr, qu'elle sera d'autant plus belle et magnifique qu'elle ornera une plus grande puissance – qui ne doit pas faire mal, pour peu qu'elle se conforme à la loi naturelle.

Car qui a inventé le roi ? C'est la nature, comme nous l'apprenons, entre autres, des abeilles. On voit trôner leur reine en un immense lit, dans le site le plus central et le plus sûr. Elle ne fait rien, surveille le travail des autres. Si la reine vient à manquer, tout se défait. Et jamais les abeilles n'en tolèrent plus d'une : elles cherchent la meilleure en les mettant aux prises. La reine, aussi, a un aspect hors du commun, elle tranche sur les autres par la taille et l'éclat. Mais voici ce qui la différencie surtout : les abeilles sont extrêmement colériques, fort agressives, vu leur faible force physique, et elles laissent leur dard dans les blessures. Or la reine n'a pas de dard. La nature n'a pas voulu qu'elle fût cruelle, ni qu'elle pût exercer de vengeance cuisante. Elle lui a ôté la lance, laissant ainsi sa colère sans arme. Quelle immense leçon elle donne aux grands rois – car c'est son habitude : s'exprimer humblement, montrer en tout petit l'exemple au gigantesque. Honte à nous de ne pas nous inspirer des mœurs de ces petites bêtes ! Notre esprit devrait d'autant plus se brider qu'il peut faire bien plus mal. Ah, si l'homme pouvait subir la même loi, fracasser sa colère quand il lance son arme, n'avoir le droit ni d'attaquer plus d'une fois ni d'assouvir ses haines par la force des autres ! Notre fureur serait facilement calmée si elle devait sévir par ses propres moyens et se donner la mort en lâchant sa violence.

Mais, même maintenant, elle ne suit pas son cours sans risque pour elle-même. Elle doit craindre autant qu'elle a voulu qu'on la craigne, et surveiller la main de tous, et, même dans les moments où nul ne la menace, se sentir en danger, et ne connaître nul instant libre de peur. Qui voudrait de cette vie, alors qu'il aurait pu, laissant les autres en paix et pour cela tranquille, exercer le pouvoir dans un sens salutaire, faire le bonheur de tous ? Si quelqu'un pense que le roi est à l'abri quand rien n'est à l'abri du roi, il fait erreur. Il ne peut l'être que s'il existe un pacte de sûreté mutuelle. Nul besoin d'ériger de hautes citadelles, de fortifier l'accès des hauteurs escarpées, de tailler des à-pics dans les flancs des montagnes, de s'enfermer derrière tant de murs et de tours. La clémence garde sauf le roi à découvert. Il n'existe qu'un seul rempart inexpugnable : l'amour du peuple. Quoi de plus beau que vivre lorsque tous le souhaitent, et le disent sans avoir le couteau sous la gorge ? Quoi de plus beau encore qu'éveiller chez les hommes, quand sa santé vacille, non l'espoir, mais la peur – que les voir disposés à échanger leurs biens les plus précieux contre la guérison du roi qui les protège ? Celui qui vit cela – que tous vivent pour lui – est heureux comme un Dieu. S'il a prouvé, avec les arguments chaque jour répétés de sa bonté, que ce n'est pas la République qui est à lui mais lui à elle, qui oserait tramer un complot contre lui ? Qui ne voudrait, s'il le pouvait, écarter même ceux du destin de cet homme, sous le règne duquel la justice, la paix, la pureté des mœurs, la sûreté, la dignité sont florissantes ? Sous le règne duquel la cité opulente abonde de tous les biens, et ne regarde pas celui qui la gouverne d'un autre cœur que nous regarderions les dieux – avec adoration et vénération –, s'ils se faisaient visibles ? Pourquoi non ? N'est-il pas situé tout près d'eux, celui qui vit selon la nature divine, bienveillant, généreux, puissant pour le meilleur ? Voilà le but, l'exemple : qu'on dise Votre Grandeur pour dire Votre Bonté.

Le prince, en général, punit pour deux raisons : il se venge lui-même ou venge quelqu'un d'autre. Je parlerai d'abord du cas qui le concerne : il est plus malaisé de freiner sa vengeance lorsqu'elle est inspirée par son ressentiment que lorsqu'on l'entreprend seulement pour l'exemple. Il va sans dire qu'il doit ne pas croire trop vite, bien secouer l'affaire pour faire jaillir le vrai, soutenir l'innocence et, afin qu'elle éclate, savoir porter à la cause de l'accusé autant d'attention qu'à celle de son juge. Car tout cela relève de la simple justice et non de la clémence. Exhortons-le ici à garder la maîtrise d'un esprit que l'on a clairement outragé, à effacer la peine, s'il le peut sans danger, sinon, à l'adoucir, et à se laisser bien plus aisément fléchir si c'est lui l'offensé que si c'était un autre. Si le cœur généreux ne fait pas de largesses avec l'argent d'autrui, mais se prive lui-même de ce qu'il veut offrir, de même le clément, à mon sens, n'est pas l'homme qui passe, magnanime, sur la rancœur des autres, mais qui, éperonné par sa propre vindicte, ne bondit pas – qui a compris que c'est un acte de grandeur de supporter l'affront lorsqu'on est tout-puissant, et que rien ne saurait être plus glorieux qu'un prince que l'on a blessé impunément.

La vengeance a, en général, deux intérêts : elle offre à la victime une consolation, elle la met en sécurité pour l'avenir. Le prince est bien trop haut pour avoir besoin qu'on le console, sa force est trop visible pour qu'il cherche à le prouver en faisant mal. Et ce que je dis là, c'est pour les inférieurs qui s'en sont pris à lui ou lui ont porté tort, car, s'il a eu autrefois des égaux et qu'il les voit sous lui, il est assez vengé. Même un esclave, un serpent, une flèche peuvent tuer un roi ; mais le sauver, nul ne l'a jamais fait sans être supérieur à celui qu'il sauvait. Celui qui peut donner ou retirer la vie doit user d'un tel don des dieux avec noblesse. Face aux hommes surtout qu'il sait avoir été de même rang que lui, le roi qui est en position de les juger est vengé jusqu'au bout, autant qu'il le serait par un vrai châtiment. Il a perdu la vie, celui qui la lui doit. Tout prince jeté bas aux pieds de l'ennemi, et qui a dû attendre qu'il rende son verdict sur sa tête et son trône, vit pour la gloire de celui qui l'a sauvé. Il devient plus précieux vivant pour le renom de son vainqueur que si on lui avait ôté la vie. Car ce prince sera l'illustration constante de la vertu d'un autre – et, le jour du Triomphe, il serait vite passé derrière son char. Si le vainqueur a pu lui laisser son royaume en toute sûreté, et lui rendre le trône d'où il était tombé, combien redoubleront les éloges pour l'homme qui sait se contenter de prendre au roi vaincu de la gloire, et rien d'autre. Cela, c'est triompher même de sa victoire, montrer que le vainqueur n'a rien trouvé chez l'autre qui fût digne de lui. Le simple citoyen, l'inconnu, le petit, il faut être avec lui d'autant plus modéré qu'il est plus anodin de l'avoir abattu. Épargne donc les uns de bon cœur et dédaigne de châtier les autres, écarte d'eux ta main comme tu le ferais d'un insecte – tu te salirais en l'écrasant. Mais ceux dont le salut ou la punition se décident à la face de la cité entière, tu dois saisir en eux la chance d'une clémence que tous remarqueront.

Passons aux torts dont d'autres ont été les victimes. La loi dit qu'il faut en châtier les coupables pour trois raisons – qui s'imposent aussi au prince : ou l'on veut amender celui que l'on punit ; ou par son châtiment moraliser les autres ; ou donner à ceux-ci plus de sécurité en ôtant les méchants. Le coupable lui-même, tu l'amenderas mieux par une peine légère : il écoutera mieux la voix de sa conscience, celui qui garde encore quelque chose d'intact. Nul ne ménagera sa dignité perdue : c'est une sorte d'impunité, de ne plus pouvoir être châtié davantage. Et la rareté des peines redresse mieux les mœurs de la cité. En voyant une multitude de criminels, on s'habitue au crime ; une condamnation semble moins lourde, noyée dans la masse des autres ; quotidienne, la rigueur perd son arme suprême : le respect qu'elle inspire. C'est le prince qui établit les bonnes mœurs au sein de la cité, c'est lui qui la lave des vices, s'il sait être patient, non parce qu'il les approuve, mais parce qu'il ne saurait se résoudre à punir qu'à contrecœur, tourmenté par bien des scrupules. La honte de faire le mal, c'est la clémence même du roi qui l'institue. La peine prononcée par un homme indulgent semblera bien plus grave.

Ensuite, tu verras qu'on commet plus souvent les crimes souvent punis. Ton père en cinq années fit coudre dans le sac plus de gens qu'il n'y eut de cousus dans tous les siècles. Les fils étaient bien moins hardis pour perpétrer l'ultime sacrilège quand la loi ne le réprimait pas encore. Dans leur haute sagesse, des hommes très profonds, excellents connaisseurs de la nature humaine, préférèrent l'omettre – comme crime impensable, et passant les limites de la scélératesse – que montrer qu'il était possible en le châtiant. Voilà pourquoi les parricides commencèrent avec la loi nouvelle : la punition montra le chemin du forfait, et la piété filiale fut en triste posture quand on se mit à voir plus de sacs que de croix. Dans la ville où les hommes sont rarement punis, le consensus se fait autour de l'innocence, et l'on veille sur elle comme sur le bien de tous. Qu'une cité se juge innocente et elle l'est. On s'irritera plus contre ceux qui s'écartent de la vertu commune si l'on voit qu'ils ne sont que quelques isolés. C'est dangereux, crois-moi, de montrer à une ville à quel point les méchants l'emportent par le nombre !

Un jour on décréta, sur ordre du Sénat, que les esclaves se distingueraient des hommes libres par une tenue spéciale. Puis l'on vit quel danger planerait sur nos têtes si nos esclaves commençaient à nous compter. Si nul n'est pardonné, le péril est semblable, sache-le ! On verra vite combien la lie de la cité pèse plus lourd. Un grand nombre d'exécutions n'est pas moins honteux pour un prince qu'un grand nombre de morts pour un médecin.

Un chef plus tolérant se fait mieux obéir. L'esprit de l'homme est naturellement rebelle, il se raidit quand on le contre et qu'on le force, on le séduit plus aisément qu'on ne le mène. Comme on dirige mieux un pur-sang noble et fier sans trop serrer le mors, l'innocence volontaire vient d'elle-même emboîter le pas à la clémence, et la cité souhaite la garder pour son bien. On obtient donc ainsi de meilleurs résultats.

La cruauté est un vice inhumain, indigne d'un esprit si doux. C'est une rage fauve que de jouir du sang, des blessures, et de dépouiller l'homme pour se muer en bête du fin fond des forêts. Où est la différence, je te prie, Alexandre, entre faire jeter Lysimaque au lion et le déchiqueter toi-même de tes dents ? C'est ta gueule, c'est ta bestialité à toi ! Que tu adorerais avoir toi-même ces griffes, et ces crocs assez forts pour dévorer des hommes ! N'exigeons pas de toi que ta main, si sûre pour mettre à mort tes familiers, se montre secourable envers qui que ce soit, que ton esprit féroce, inlassable fléau des peuples, soit content, s'il n'a pas eu du sang, du carnage ! Disons que c'est déjà clémence si tu prends, pour tuer un ami, le bourreau chez les hommes ! Pourquoi faut-il haïr plus que toute autre chose la férocité ? Parce qu'elle passe les bornes – usuelles d'abord, et puis humaines –, recherche de nouveaux supplices, fait appel au génie afin qu'il lui invente des instruments pour diversifier la douleur, la rendre plus intense, et se délecte de voir souffrir les hommes. Cette hideuse maladie de l'esprit est parvenue au dernier degré de folie lorsque la cruauté se mue en volupté, et jouit désormais de massacrer des hommes. Celui qui en est là trouvera dans son dos – et c'est bien naturel – la subversion, la haine, les poisons, les épées. Il se trouve exposé à autant de périls qu'il y a de gens pour qui il est lui-même péril. Il n'est pas rare que des particuliers l'abattent, ou encore c'est un soulèvement général. C'est que, si la chétive méchanceté privée ne saurait émouvoir des villes tout entières, celle qui se met à se déchaîner largement et vise tout le monde, mille coups la transpercent. On ne remarque pas les tout petits serpents, on ne les cherche pas dans des battues publiques ; mais que l'un d'eux dépasse la taille habituelle et se transforme en monstre, qu'il infecte les sources en crachant, qu'il brûle entièrement tout ce sur quoi il souffle, qu'il écrase tout ce qu'il trouve sur son passage – c'est avec des balistes qu'on lui tire dessus. Les maux les plus petits peuvent donner le change, passer inaperçus. Les grands, on les affronte. Un seul malade ne trouble pas même une maison, mais si des morts fréquentes prouvent l'épidémie, toute la cité hurle, on fuit, les poings se tendent même contre les dieux. Il y a le feu sous un seul toit : la famille, les voisins vont y jeter de l'eau. Mais le vaste incendie qui s'est déjà repu de nombreuses maisons, on l'étouffe en rasant un quartier de la ville.

La cruauté privée, même certains esclaves, sûrs d'être crucifiés pour cela, l'ont châtiée. Et celle des tyrans, les nations, les peuples – ceux qu'ils persécutaient et ceux qu'ils menaçaient – ont marché pour l'abattre. Parfois leurs propres gardes se sont tournés contre eux, et leur ont fait goûter toute la perfidie, toute l'inhumanité, toute la sauvagerie qu'ils leur avaient apprises. Que peut-on espérer, en effet, de celui à qui l'on a soi-même enseigné à mal faire ? La violence ne reste pas longtemps soumise, elle ne se déchaîne pas seulement sur commande.

Mais imagine que la cruauté n'ait rien à craindre. Quel sera son royaume ? Il n'a d'autre apparence que celle des villes prises, le terrifiant visage d'un peuple qui a peur. Tout y pleure, tout y tremble, tout y est confusion. On craint jusqu'aux loisirs : on ne va pas tranquille aux banquets – où il faudra, même ivres, veiller soigneusement à ce que l'on dira ; aux spectacles non plus – car ils donnent matière à poursuites, à danger. Le roi peut dépenser sans compter ses trésors, convoquer les plus célèbres des artistes ; quel prisonnier prend plaisir à suivre des jeux ? Mais qu'est-ce donc, bonté divine, que cette rage ? Massacrer, torturer, jouir du bruit des chaînes, faire tomber des têtes, verser à flots le sang où que l'on puisse aller, et, rien qu'en se montrant, terrifier, mettre en fuite ! Vivrait-on autrement si l'on avait pour rois des lions et des ours, si nous étions livrés au pouvoir des serpents et des espèces animales les plus féroces ? Ces bêtes sans raison, que nous disons sauvages, épargnent au moins les leurs, et même les grands fauves laissent en paix leurs semblables. Mais le tyran ne respecte pas ses parents. Sa fureur frappe autant le proche que l'étranger, et plus elle sévit, plus elle s'exacerbe. Des meurtres isolés il glisse aux génocides, et pense que jeter les torches sous les toits, faire passer la charrue sur d'antiques cités, c'est cela la puissance ! Il trouverait peu impérial de ne tuer qu'un homme ou deux ! Il lui faut un troupeau de pauvres malheureux pour recevoir son coup tous au même moment, ou il juge que l'on a forcé sa cruauté à rentrer dans le rang.

Quel bonheur d'apporter à beaucoup le salut, d'arracher à la mort et de rendre à la vie, de mériter la couronne civique par sa clémence ! Il n'est point pour un prince de plus bel ornement, plus digne de son rang, que celle qu'on décerne « pour avoir sauvé des citoyens » – ni les armes arrachées à l'ennemi vaincu, ni les chars du Triomphe noirs du sang des Barbares, ni le butin de guerre ! C'est le pouvoir des dieux que de sauver des foules et des peuples entiers. Tuer massivement et indistinctement, c'est le pouvoir de l'incendie et du séisme.

TABLE

ACHEVÉ D'IMPRIMER
EN NOVEMBRE 1995
SUR LES PRESSES
DE L'IMPRIMERIE HÉRISSEY
À ÉVREUX (EURE)

Numéro d'édition : 0265
Numéro d'impression : 69524
Dépôt légal : novembre 1995
Imprimé en France